Bibliografische Information der Deutschen Nationalbibliothek:
Die Deutsche Nationalbibliothek verzeichnet diese Publikation in der
Deutschen Nationalbibliografie; detaillierte bibliografische Daten sind im
Internet über http://dnb.dnb.de abrufbar.

Herstellung und Verlag: BoD – Books on Demand, Norderstedt
ISBN: 978-3-7386-4005-2

Inhaltsverzeichnis

Vorwort   Seite 7

„Klaus muss mehr Wert auf ein gepflegtes Äußeres legen" - Corned Beef und Milchpulver - „Wenn mal wieder der Russe kommt!" - Der Teufel in Form von Mädchen - „Du lernst Gitarre!" - Eine alte dumme Gans hat Eier - Stube, Küche, Bad   8

Oben und unten am Korpus - Jazz is not dead, but it smells funny - Meine Sorella - Der heilige Gral Stratocaster - Ein Stück mit sieben Gitarren - Vom Heizlüfter zum Vox - Anlage ist nicht alles - The Flying Stars - Drafi - The Team Beats   25

Die GIs und das Englisch der Berliner Bands - „Kannste Bulldog?" - „Ich hab meine Mikes. Ich geh dann mal." - „...wenn so ein Siebzehnjähriger mal über Land geht!" - Ford 17 M   58

Schuld war nur die saxofonklangähnliche Orgel - Sterbendes Schwein vom Dreier - Das Sofa in der Garderobe - Duckwalkin' on his knees - Rote SG im Star-Club Hamburg - Der sozialistische Sackstaat   76

The Searchers - „Haare ab, oder du fliegst hier raus!" - Matte und hunderter Schlag - Boots und Hound Dogs – Das Auge isst mit - Gene Vincent   97 und Marika Rökk - Das leidige Vorgruppenschicksal

Waldbühne '65 - Wir vor den Stones - Vorarbeiten - Ein milder Spätsommertag - Brian Jones vor mir - Wurstschnappen bei Onkel Pelle - Der erste Stagediver - Die Fahrscheinmutti und die Stampede   120

Berlin-Paris-Wien-London - Laterna Magica - Jimi Hendrix in der Neuen Welt - Typisch deutsch - Brian Epstein: „Schickt die Team Beats rüber!" - Meine Kindheit war vorbei   130

Die Zigarette danach   145

Epilog: 146
Es juckt wieder in den Fingern - West-Östlicher Dialog - Furiengehetzte Sängerin und Goth-Hendrix - Team Beats-Revival - Jazz is not dead - Die Jugend von heute! - Eigene Sachen

Danksagungen   167

Vorwort

Das Buch über die fünfziger/sechziger Jahre lauert ja schon seit Jahrzehnten bei mir im Hinterkopf!

Es musste jetzt aber geschrieben werden, bevor alle nicht mehr da sind, die das interessieren könnte, weil sie damals dabei waren.

Interessieren könnte es auch, weil ich am roten Faden der Entwicklung der Rock- und Beatmusik in West-Berlin das Drumherum damals nicht außen vorlassen konnte - nicht außen vorlassen wollte.

Die von mir als Nachkriegskind erlebte Zeit beschreibe ich auch als Übergang von den vierziger/ fünfziger zu den sechziger Jahren.

Dabei erwähne ich immer wieder mal Bands, die uns z.B. aus England oder den USA wichtig gewesen sind, und schildere über unseren Tellerrand hinaus unter anderem die elenden Expeditionen über die Transitstrecke.

Außerdem habe ich versucht, von allen die mir damals hier wichtig gewesen sind, historische Fotos zu bekommen.

Berlin, 2019

„Klaus muss mehr Wert auf ein gepflegtes Äußeres legen"

Ich glaube, ich habe später nie mehr so besessen in den Spiegel gestarrt, linke Handfläche über den Haaren zwischen linkem Ohr und linkem Auge, rechte Hand geknickt mit Kamm von rechts über den Kopf, Kamm durch die Haare links unter der Handfläche durch bis nach hinten, Kamm zur Stirn – Welle – dann Kamm an der rechten Kopfseite (natürlich unter der Fläche der linken Hand, die jetzt von oben kam) bis nach hinten und dann der Strich hinten Mitte nach unten: die Ente.

Die Firma Schwarzkopf muss sich mit *Fit*, *Brisk* und *Brisa* dumm und dämlich verdient haben, weil wir natürlich alle unsere Haare in feste, vorbestimmte Formen geben wollten, die Frisuren von Elvis Presley und Eddie Cochran und James Dean.

Meine Haare waren noch kurz, mit Rundschnitt oder manchmal mit Eckschnitt, und diese schweißtreibenden Nyltesthemden wurden am Kragen noch nicht mal von den Haaren überlappt. Trotzdem stand auf meinem Zeugnis zu dieser Zeit *„Klaus muss mehr Wert auf ein gepflegtes Äußeres legen"*, was an sich ja eine Frechheit gewesen ist, denn wenn ich mir die noch übrig gebliebenen Fotos von mir aus dieser Zeit anschaue, dann hätte ich mit diesem Aussehen später Rex Gildo Konkurrenz machen können.

Ich mit Rock'n'Roll-Tolle zu Beginn der sechziger Jahre

Die Erwachsenen waren überwiegend empört über die Entwicklung – über unsere Entwicklung. Der Rock'n'Roll war der Abgrund dessen, was bis dahin als kulturelles Erbgut der Menschheit galt. Und wie schon bei den alten Griechen hieß es wieder mal *"Die Jugend von heute!"* Die Musik, ihre Interpreten und die Texte waren laut Proll-Presse und dem dort oft beschworenen *gesunden Menschenverstand* primitiv und damit auch alle Konsumenten dieser neuen Strömung.

Andererseits erinnere ich mich aber noch an Lieder, die Erwachsene mit uns Kindern gesungen hatten: „*Maikäfer flieg, dein Vater ist im Krieg, deine Mutter ist in Pommerland, Pommerland ist abgebrannt, Maikäfer flieg!*"
Von wegen kulturelles Erbgut! Wenn ich mir dann die damals aktuellen Rock'n'Roll-Lieder anhöre, klingen die vergleichsweise harmlos, ja schon fast pazifistisch:

„Womp-bomp-a-loom-op-a-womp-bam-boom"

Bei unseren Texten ging es überwiegend um das andere Geschlecht oder um die Situation von Jugendlichen allgemein, wenn ich mir z.B. *Summertime Blues* von Eddie Cochran anhöre oder *Let's Have A Party* von Wanda Jackson.
Natürlich war das keine *Ernste Musik* à la Klassik, das war Spaß-Musik mit dem Hauptfaktor Rhythmus.
Wenn ich mir dann anhöre, was unsere Elterngeneration alternativ zur Klassik, aber toleriert und gefeiert von der Presse und dem *gesunden Menschenverstand* hörte, schäme ich mich jetzt noch!

Ich will 'nen Cowboy als Mann – Ohne Krimi geht die Mimi nie ins Bett – Es gibt kein Bier auf Hawaii – Bohnen in die Ohren... usw.
Sie probierten auf witzig zu machen. Das war's dann aber auch! Die Interpreten hatten immer lieb und nett zu sein und auch so auszusehen – am besten so wie jedermanns Wunschschwiegersohn/tochter. Und wenn darunter mal ein

Mitglied der Siegermacht USA war, wurde der ganz besonders hofiert und durfte sogar mit seinem amerikanisch oder englisch klingenden Deutsch auf Platte und ins Radio (Gus Backus, Bill Ramsey, Chris Howland). Wenn ich daran denke, was Bill Ramsey wirklich konnte, dann wurde er bei uns hier verramscht. Das war eben der Zeitgeschmack des deutschen Normalbürgers.

Was wir Jugendlichen wollten wurde rundweg diffamiert und abgelehnt. Ich weiß noch, dass meine Mutter erst dann die Kurve kriegte, als Elvis mit *It's Now Or Never* herauskam. Da hörte sie plötzlich ihr altes *O Sole Mio* und war ganz gerührt. Das relativierte diese Musikrichtung für sie etwas – *„siehst du, man kann doch auch nett singen!"*

„Womp-bomp-a-loom-op-a-womp-bam-boom"... wäre aber weiterhin nicht gebilligt worden! Vielleicht wollte sie auch bloß nicht so angeschrien werden, aber manchmal musste eben irgendwas hinausgeschrien werden und gerade *Little Richard* war da ein Meister!
Andererseits lasse ich mich ja auch nicht gerne anschreien und schon gar nicht von schrillen Frauenstimmen; das macht wohl Abgründe meiner Erziehungserfahrungen wieder präsent.
Na jedenfalls kann ich sowas wie *Respect* von Aretha Franklin (bei aller Hochachtung vor ihrer Leistung!) nicht ertragen. Es gibt doch auch andere weibliche Schreimöglichkeiten, die markant sind, aber nicht so kreischend, z.B. Wanda Jackson mit *Let's Have A Party*. Und von einer laut aber sehr anschmiegend singenden Conny Francis mal ganz zu schweigen!

Der Rock'n'Roll diente dazu, uns von den Erwachsenen zu distanzieren, uns zu lösen, Opposition zu bilden und uns unsere eigene Welt zu schaffen.
Wir hatten Elvis, sie hatten Caterina Valente. Und wenn es einer aus unserem Lager mal in ihr Fernsehen geschafft hatte, dann musste er sich aber auch streng nach ihrem Codex verhalten (Möchtegern-Schwiegersohn-Prinzip). Drafi hatte damit so seine Schwierigkeiten und wurde von der Prollpresse auch sofort kaltgestellt.

Im Musikunterricht gab es von besonders pfiffigen Musiklehrern gelegentlich ein paar Anbiederungsversuche. Meiner zum Beispiel versprach sich wohl einen Unterricht mit plötzlich sehr aufmerksamen Schülerinnen und Schülern, wenn er unsere Musik zum Thema machte, statt der üblichen *Moldau* von Smetana. Er wollte uns dann erklären, wieso Chuck Berry an einer bestimmten Stelle die Subdominante ins parallele Moll übergleiten ließ – wir waren entsetzt! Wir wollten nicht, dass sich ein Erwachsener in unsere Belange einmischt und was Chuck Berry betrifft interessierte uns sowieso mehr, über welchen Amp er spielte und wie er diesen Sound hin bekam.

So konnten wir natürlich unmöglich für mündig erklärt werden, obwohl wir schon lange mit den Mädchen zugange waren und knutschten und rauchten (*Gold Dollar* oder *Zubahn* hießen die Zigaretten damals), und mein erstes Auto war später auch ein alter 17 M mit Heckflossen und durchgehender vorderer Sitzbank für die Autokinos.

Die Mädchen behinderten jedenfalls unsere musikalische Entwicklung nicht, eigentlich war es umgekehrt, die fortschreitende musikalische Entwicklung kurbelte vielmehr die Mädchengeschichten an.

Das muss um 1959/60 gewesen sein, denn meine Eltern hatten ein Nord-Mende MAMBO Radio mit dem magischen, grünen Auge und daraus hörte man meistens Klassik oder Bully Buhlan oder die Insulaner, ein Nachkriegskabarett aus West-Berlin, das zum großen Teil das damalige Ost-Berlin und das ganze System durch den Kakao zog und sich wegen der Insellage der Stadt selbst beschwichtigte *„Der Berliner verliert die Ruhe nich, der Berliner liebt keen Jetue nich..."*.

Als Nachkriegskinder hatten wir zu gehorchen, solange wir unsere Füße unter die Tische unserer Eltern stellten und die Lehrer und Lehrerinnen waren in ähnlich dominanter Position, bei denen wir die gleiche Rolle zu spielen hatten.

Corned Beef und Milchpulver

Die Amerikaner waren von uns bewunderte Freunde. Anfangs hatten sie für Schulspeisung gesorgt – heißen Kakao und Rosinenbrötchen und, was uns Kinder viel mehr interessierte: Bubble Gum und Prickel Pit.

Aus den Care-Paketen tauchten damals schon ein paar bis dahin völlig unbekannte Geschmäcker auf, Corned Beef und Milchpulver, wobei letzteres für uns ein merkwürdiger Süßigkeitsersatz war, denn es klebte den Rachenraum ziemlich zu. An allen Fleischtheken Berlins kann man seit dieser Zeit immer wieder das deutsch ausgesprochene Kornett Biief hören (wenn gerade mal jemand so was kauft).

Andere Schulspeisen, wahrscheinlich durch den Marshall-Plan finanziert und diesmal von deutschen Küchen gekocht, also Graupensuppe und ähnliches, ungenießbares Zeug, kippten wir auf dem Weg von der Schule nach Hause an die Zäune der Grundstücke, die nun mal das Pech hatten, an unserem Grundschulweg zu liegen. Das Essenfassen auszulassen war andererseits nicht möglich, weil die Eltern immer anhand der Spuren im Essgeschirr kontrollierten, ob wir in der Schule gegessen hatten!

Es ging soweit, dass ich vor Beginn meiner Ferien auf dem Bauernhof bei Tante Liesel und Onkel Gerd im Harz auf die Waage musste und mein Gewicht notiert wurde. Und zum Ende der Ferien musste ich wieder auf die Waage, und je nachdem, wie sich das Gewicht nach oben verändert hatte, desto besser waren die Ferien – aus Sicht der Erwachsenen. Die Nachkriegszeit war eben eine Zeit des Mangels, und die Eltern kümmerten sich sehr darum, dass wir Kinder immer genug zu essen hatten.

Spiegelei auf Schrippe habe ich damals besonders gerne gegessen. Aber wenn ich davon mal mehr haben wollte, war das aber auch wieder nicht richtig. Dann hieß es *„Iss nicht so viel Eier, dann wirst du übermütig!"*

Was damit gemeint war wurde mir aber nie erklärt!

Und wenn ich mal nicht essen wollte, hörte ich zu Hause: *„Junge, wenn mal wieder der Russe kommt, dann wirst du dir nochmal wünschen, eine solche Suppe zu kriegen!"*

Je nun – es gab aber wie gesagt bestimmte Straßen in Lichtenrade, an denen man den Schul-Speiseplan einer ganzen Woche ablesen konnte.

Der Russe kam nicht, aber der Amerikaner!

Ich hatte – wie viele andere auch – das Essgeschirr meines Vaters, das er während seiner Kriegsgefangenschaft bei den Amerikanern benutzen musste: Messer, Gabel und Löffel mit einem großen Loch am Ende des Griffs und der Prägung U.S. Dazu einen hohen, im Querschnitt leicht nierenförmigen Topf mit Deckel, jeweils mit einem Griff. Das Messer ist vorher für die Kriegsgefangenen verkürzt und abgestumpft worden, damit keiner auf abwegige Gedanken kommen konnte. Es war unmöglich, seiner ursprünglichen Funktion nach, etwas damit anzufangen.

Unser Leben als Jungen spielte sich damals überwiegend draußen ab. Nach der Schule, an den Wochenenden und in den Ferien spielten wir immer in Gruppen mit anderen irgendwelche Versteck- und Einkriegespiele (so hieß das damals) in Parks und auch auf den zahlreichen Abenteuerspielplätzen, die von den alliierten Bombergeschwadern eingerichtet worden waren. Oder wir saßen stundenlang an kleinen, versteckten Tümpeln der Umgebung, um dort Molche, Frösche, Fische oder Kaulquappen zu fangen, die wir dann zu Hause in Einmachgläsern hielten und bestaunten.
Die Eltern konnten oder wollten uns unsere Welt nicht erklären, sie interessierten sich überwiegend für ihre Erwachsenenwelt und die sollten wir gefälligst lernen. Die Methode dazu war die mit dem erhobenen Zeigefinger – wir hörten immer nur, was man nicht machte, was verboten war. Die Er-

wachsenenwelt war also offenbar eine, in der man vieles nicht tat.
Wir mussten uns unsere Kinderwelt selbst erklären. Dazu tauschten wir immer Neuigkeiten aus – irgendeiner hatte mal wieder irgendwas gehört und erzählte das gleich weiter. Wir hatten dadurch immer wieder Gesprächsstoff und der jeweilige Überbringer der Neuigkeiten konnte stolz sein auf eine kleine Zuhörerschaft. Diese Nachrichten veränderten sich aber durch die Art ihrer Weitergabe immer wieder ein bisschen, so dass oft Gerüchte daraus entstanden, deren Ursprung keiner mehr so genau wusste. Durch diesen Austausch gewann man Ansehen und sie beruhigten uns gleichzeitig oder machten Mut vor Dingen, die wir noch nicht kannten.
Als Kinder waren wir ja noch nicht so direkt am anderen Geschlecht interessiert, aber wir befanden uns in der Phase davor und hatten immer wieder mal was von den Abenteuern gehört oder gelesen, die uns in den nächsten Jahren und vor allem als Erwachsene erwarten würden. Weil jeder gerne älter und damit erfahrener sein wollte, als es seinem Alter entsprach, versuchten wir Eindruck zu schinden, indem wir unsere angeblichen Erfahrungen aus der anderen Welt – der mit Mädchen – brühwarm berichteten.

Die abenteuerlichste Vorstellung von dem, was da irgendwann mal passieren würde, hatten wir wohl vom Sex mit den Mädchen (obwohl es diesen Begriff damals in unserer Welt noch nicht gab).
Wer da irgendwelche Geheimnisse wusste, gewann deutlich an Ansehen innerhalb unserer Clique.
Die Respekt davor war aber in Wirklichkeit groß!

Wir machten uns immer Mut mit dem Satz, der damals immer wieder mal die Runde machte:
Hose runter, Beine breit, Vögeln is' 'ne Kleinigkeit!

Nachfragen oder darüber reden mit den Erwachsenen ging gar nicht!

Als Schüler dachten wir früher immer, dass das „Vorher-Rausziehen" eine sichere Verhütungsmethode sei, was natürlich Quatsch war, aber unsere Lehrer haben damals über das Vorher-Rausziehen nichts gesagt, weil sie ja dann auch etwas vom Reinstecken hätten sagen müssen.

Ich weiß noch, dass mein kleiner Bruder aus der Buddelkiste ein Wort mitgebracht hatte, das er nicht verstand und er fragte am Küchentisch *„Was ist denn ficken?"* Ich starrte mit hochroten Ohren auf die Tischkante vor mir und meine Mutter sagte sowas wie *„Da fragste besser deinen Vater!"* Papa las gerade den Sportteil der Zeitung und antwortete *„Jetzt nicht, siehst du nicht, dass ich gerade lese?!!"*

Wir waren also auf uns selbst angewiesen und versuchten, so gut es eben ging, uns die Welt zu erklären.

Es gab aber ein paar Regeln, an die mussten wir uns halten. Die beiden wichtigsten waren:
Regel 1: Du parierst, solange du deine Füße unter unseren Tisch stellst!
Regel 2: Nicht über den Zaun im Lichtenrader Wäldchen klettern, da wohnt der Russe!
Wie das Ungeheuer Russe aussah und was es da hinter dem Zaun machte, blieb aber unserer Fantasie überlassen!

Der Teufel in Form von Mädchen

Wie es dazu kam, dass wir uns früher oder später alle in irgendwelchen Kirchenkreisen wiederfanden, weiß ich nicht mehr. Zumindest die evangelische Kirche in Berlin Lankwitz veranstaltete regelmäßige Treffen für Jugendliche in ihren Nebengebäuden. Möglich, dass wir diese Veranstaltungen benötigten, damit die Kirche uns später in ihrem Sinne gut vorbereitet einsegnen konnte. Die Einsegnung war ein festes Ritual mit Geschenken usw., das wir auch alle wollten.
Egal – damit wir fest im Glauben und weitab von der schiefen Bahn erwachsen werden sollten, machten wir viele Gruppenspiele, die immer wieder mal durch Gesangs- und Betrituale ergänzt wurden. Wir sollten wohl gläubige Christen werden, interessierten uns aber eigentlich nur für die spielerische Seite und die Gruppenerlebnisse.
In den Ferien gab es sogar Gruppenreisen in Zeltlagern, wo die ganze Lagerfeuerromantik kräftig angeheizt wurde – es spielte sich alles wahrscheinlich so ähnlich ab, wie man das von den Pfadfindern gehört hatte. Jedenfalls lagen wir immer wieder mal vor Madagaskar und hatten die Pest an Bord!

Inzwischen waren wir aber in der Pubertät und darum mehr am anderen Geschlecht interessiert, als an Kirchen- oder Pfadfinderliedern. Die Kirchenleiter versuchten daher den Deckel draufzuhalten und uns nicht abtrünnig werden zu lassen – der Teufel schien in Gestalt von Mädchen sein Unwesen zu treiben...

Prägende Eindrücke von damals, die mir noch in Erinnerung geblieben sind, war ein Zeltlager in der Eifel, Nähe Monschau, mit einem Holländerinnenzeltlager hinter dem nächsten Hügel. Immer wenn wir gerade nicht singen oder beten oder essenfassen mussten, trieben wir uns dort herum.
Dann waren wir mal auf Sylt in einem Zeltlager bei Dikjen Deel – und wieder gab es ein Mädchenzeltlager gleich hinter der nächsten Düne!
Und da passierte mir dann ein Schlüsselerlebnis, das mich bis heute prägen sollte!
Eines Morgens hörte ich außerhalb meines Gruppenzeltes ein unbekanntes, kratzendes Geräusch und ich robbte verschlafen in Richtung Zeltausgang:

Da saß ein Typ in meinem Alter, schrammelte auf einer Gitarre, und alle Mädchen saßen um ihn herum!

In dem Moment stand für mich fest –

Du lernst Gitarre!

Ich lernte also Gitarre.
Mein Freund Axel hatte eine alte Wandergitarre mit einem kleinen Riss im Korpus, die er mir für 5 Mark verkaufte.
Axel war Linkshänder und bastelte deshalb ständig selber mit Laubsäge und anderem Werkzeug an einer Linkshändergitarre – was auch ganz gut funktionierte (sie sah aber etwas – na sagen wir mal – futuristisch aus!).

Die 5 Mark-Gitarre hatte schon Stahlsaiten und keine Darm- oder Nylonsaiten mehr, wie bei Wanderklampfen und immer bei Konzertgitarren üblich.

Mit meiner 5-Mark-Gitarre

Eine alte dumme Gans hat Eier

Es gab zu dieser Zeit in meinem Bekanntenkreis drei bis vier Jungen, die mit Gitarre anfingen, und wir tauschten immer die neuesten Erfahrungen und Ergebnisse untereinander aus, wie wir das aus Kindheitstagen immer schon gewohnt waren.

Der erste Satz, den ich lernte, hieß *Eine alte, dumme Gans hat Eier,* nichts anderes als eine Eselsbrücke zum Lernen der Saitenreihenfolge von der dicken zur dünnen Saite: E A D G H E.
Musiktheoretisch war keiner von uns geschult oder besonders interessiert – wir tasteten uns vorwärts von Akkord zu Akkord und von Schlag zu Schlag.
Das hieß, wenn ich auf dem Griffbrett des Gitarrenhalses mit den Fingern der linken Hand die Saiten an bestimmten Stellen nieder drückte und mit der rechten Hand über die Saiten weiter hinten über dem dicken Korpus strich oder schlug, ertönte ein wohlklingender Akkord.
Vorausgesetzt, die Gitarre war gestimmt!

Das Stimmen war damals noch so ein Thema für sich. Da kam dann das eigene Gehör ins Spiel und man musste schon gut hören können, um Einealtedummegans richtig hinzubekommen.
Denn wir saßen manchmal – immer wenn einer einen neuen Akkord oder sonstwas gelernt hatte – mit den Gitarren zusammen und spielten miteinander, was unserer Gitarrengeschichte noch eine ganz andere, höhere Dimension verlieh.
Trotzdem klangen gestimmte Gitarren manchmal zusammen wieder falsch, weil wir nach Schnauze stimmten. Dann stimmte die einzelne Gitarre zwar in sich, aber das tiefe E zum Beispiel war dann etwas zu hoch oder zu tief gedreht und die ganze Gitarre stimmte dann einen halben Ton höher oder tiefer. Das passte nicht mit anderen Gitarren zusammen!
Es galt also, sie alle nach Kammerton A zu stimmen. Dann klangen sie auch zusammen, es sei denn, der jeweilige Stimmer hatte was mit den Ohren.

Den Kammerton A bekam man entweder über eine Stimmgabel, oder alle stimmten ihre Saiten nach einer Gitarre. Dann stimmten sie zumindest untereinander und nur darauf kam es an.

Das Drücken der Saiten mit den Fingern der linken Hand war erst ziemlich schmerzhaft, weil die Stahlsaiten in die Fingerkuppen schnitten. Die höchste (dünnste) E-Saite hat nur einen Durchmesser von 0,25 mm (wenn es ein 10er Satz Gitarrensaiten ist), und das ist schon fast messerscharf. Der linke Daumen ist nicht betroffen, der hält nur den Gitarrenhals fest und drückt gegen das Holz, wenn die anderen vier Finger von der anderen Seite die Saiten herunter drücken. Diese vier Finger schmerzen wie gesagt anfangs höllisch an ihren Spitzen und haben längere Zeit Einkerbungen von den Saiten.
Mit schmerzenden Fingerkuppen ist es natürlich besonders schwer, einen Akkord sauber zu greifen (zu drücken!), weil die Kuppen dann noch viel mehr schmerzen.
Erfolgserlebnisse mit gut klingenden Akkorden sind deshalb anfangs selten und die Motivation sinkt oft auf einen Tiefpunkt. Es klingt eigentlich alles schlimm, was man da so macht, und hat gar nichts vom Gitarrenwohlklang der Konkurrenz oder aus dem Radio oder einer Schallplatte.
An dieser Stelle entscheidet sich dann, ob man weitermacht oder aufgibt!

Ich habe (wahrscheinlich wegen der zahlreichen Mädels des Zeltlagers auf Sylt) weitergemacht...

Es dauerte ein paar Wochen, bis sich auf den strapazierten Fingerkuppen der linken Hand mehr und mehr Hornhaut bildete und die Schmerzen weniger wurden bis sie ganz verschwunden waren.

Die Lernphase war nunmehr auf eine höhere Ebene gestiegen und ohne die schmerzenden linken Fingerkuppen ging es um das Erfassen von Zusammenhängen:
Mehrere Akkorde bildeten eine Kadenz. Alle Lieder erstreckten sich über eine bestimmte Kadenz und man konnte sie mit der Gitarre begleiten, wenn man die Akkorde dieser Kadenz kannte und an den richtigen Stellen von einem zum anderen wechselte. Der Wechsel passierte manchmal relativ schnell und das Üben der nächsten Zeit erstreckten sich auf das schnelle Wechseln (Umgreifen) von verschiedenen Akkorden. Jedes Lied hatte ein bestimmtes Tempo und man konnte da schon ins Schwitzen geraten, wenn ein schneller Akkordwechsel angesagt war.

Die meisten Stücke der Rock'n'Roll-Ära waren einfacher Art, was die Akkordwahl betraf - meistens erstreckten sie sich nur über drei Akkorde (Tonika, Subdominante und Dominante oder auch Grundton, Quarte und Quinte). Sowas hat natürlich damals keiner von uns gesagt. Diese Dreierkombination als übliches Rock'n'Roll-Raster für die meisten Stücke, bezeichneten wir berlinisch vereinfachend mit einer uns gut bekannten, üblichen Bezeichnung aus Wohnungsinseraten in Zeitungen, nämlich Stube-Küche-Bad.
„Jetzt spielen wir mal einen Stube-Küche-Bad-Blues in A."
Chuck Berrys Werke waren zum größten Teil Stube-Küche-Bad-Stücke, also z.B. war für uns *Roll Over Beethoven* Stube-Küche-Bad in C Dur.

Die ersten Stücke mit denen wir uns beschäftigten waren auch zunächst einfache mit zwei oder höchstens drei Akkorden.

Hang Down Your Head Tom Dooley war ein Stück mit nur zwei Akkorden, weshalb jeder Gitarrenanfänger das damals spielte.

Der einfachste Gitarrenakkord war das E-Moll, weil man da nur zwei Töne drücken musste, also auch nur zwei Finger brauchte. Wenn die Finger weiter auseinander gespreizt werden mussten – anders als bei E-Moll – war der Griff schon schwerer zu lernen (wir sagten damals alle Griff, statt Akkord „*Kennste schon den D^7- Griff?*").

Die erste Kadenz für mich war die G-Dur-Kadenz. Dazu musste ich den G-Dur, den C-Dur und den D^7- Griff lernen und schnell untereinander wechseln können. Zwischendurch durfte man auch mal den einfachen E-Moll-Griff einstreuen. E-Moll war nämlich die parallele Molltonart von G-Dur – ich lernte langsam (zwangsläufig) einfache Musiktheorie.

Diese ersten Griffe wurden Wandergriffe genannt. Das bezog sich wohl auf die Akkorde am Lagerfeuer, die am linken Teil des Gitarrenhalses gespielt wurden.

Oben und unten am Korpus

Zur Definition:
Unten am Gitarrenhals (oder „am linken Teil des Halses") heißt hier in der Gegend des Sattels kurz vor der Kopfplatte dort, wo die Saiten ihren tiefsten Ton haben und wo man sie durch Drehen der Mechanik stimmt.
Oben im Sinne eines Gitarrenhalses heißt demzufolge in der Gegend des Korpus, wo die Saiten ihre höheren Töne haben (deswegen „oben"!).
Oben und unten am Korpus von Mädels und Jungs wurde inzwischen auch zunehmend interessant, passt jetzt hier aber gerade nicht hin! Vielleicht später irgendwo an anderer Stelle... Obwohl es auch da schwierige und einfache - naja... „Wandergriffe" gab, mit denen man zwischen den Schenkeln vorsichtig (!) in Richtung Korpus wandern konnte und entweder sofort eine Schelle bekam, oder die Beine zusammengepresst wurden, oder, wenn nichts dergleichen passierte, versuchen konnte mit dem Barrégriff - das war der mit dem einzelnen Finger - ach so, den habe ich ja noch gar nicht beschrieben...

Äh...

Zurück zur Gitarre!
Diese schwierigen Wandergriffe waren aber in Wirklichkeit die einfachen Griffe! Die schweren Griffe waren die Barrégriffe. Und die kamen noch!
Dazu musste man den ganzen linken Zeigefinger flach in einem bestimmten Teil des Gitarrenhalses über alle (!) Saiten legen und diese hinunter drücken. Den Akkord griff man

dann mit den restlichen drei Fingern, wobei der von mir oft vernachlässigte kleine (und schwächste!) Finger zwangsläufig eingesetzt werden musste und hier nun die Schmerzen und die (viel zu lange dauernde) Hornhautbildung wieder begann.
Die Barrégriffe läuteten also die nächste Phase des Gitarrenspiels ein. Jetzt konnte man über den ganzen Hals der Gitarre Akkorde greifen und spielen.

Trotz allem – ich will hier die Wandergriffe auf gar keinen Fall verteufeln! Bei Wandergriffen ist der Klang der langen Saiten da und der ist etwas ganz Besonderes!
Spielt man z.B. *His Latest Flame* von Elvis in G-Dur, ist der Sound vom Wandergriff G zum Wandergriff E-moll unerreicht schön (natürlich nur, wenn man eine Gitarre hat, die von Hause aus einen schönen Klang hat!).
Obwohl man mit der Barré-Technik alle Akkorde auf dem ganzen Griffbrett des Halses verteilt spielen kann, haben sie unten gespielt mit langen Saiten und einzelnen sogar offenen (ungedrückten) Saiten einen ganz speziellen Charakter.

Die Barré-Technik fing zwangsläufig mit der C-Dur-Kadenz an – höchstwahrscheinlich nicht nur für mich. Irgendwie scheinen viele der bekanntesten Lieder in C-Dur geschrieben worden zu sein. Deshalb musste man schnellstmöglich zum F-Dur-Akkord kommen, weil er zur C-Dur-Kadenz gehört. Aber der war der schwierigste Barré-Akkord, weil er ganz unten am Sattel des Gitarrenhalses zu spielen war. Man musste den linken Arm am weitesten ausstrecken und deshalb auch die akkordgreifende, linke Hand am weitesten im Winkel zum Unterarm abknicken, was anatomisch ungewohnt war und zunächst schmerzte (es sei denn, man spielte die

Schummelversion des F-Dur-Akkords, bei der man nicht den ganzen Zeigefinger einsetzte, sondern nur mit dem letzten Zeigefingerglied oben die H- und die E-Saite herunterdrückte, was ich in den ersten Jahren meistens machte).

Aber wenn man den F-Dur Barrégriff beherrschte, hatte man eine weitere Hürde überwunden.
Bei den zahlreichen späteren Anwendungen dieses Akkordes z. B. in bestimmten Chuck Berry-Stücken musste man schon ziemlich lange Finger haben und eine gut trainierte linke Hand insgesamt!
Klar, man konnte den F-Dur-Akkord jederzeit im achten Bund spielen – was viele auch machten (vor allem die mit den Wurstfingern!), aber soundmäßig war es nicht dasselbe!
Ich hatte auch mal einen Siebensaiter mit einer noch tieferen Saite unter der tiefen E-Saite. Damit konnte ich annähernd den tiefen Chuck Berry – Boogie reproduzieren, auch wenn ich ihn in mittlerer Lage spielte. Aber das wäre ja unfair gewesen!

Aber ich greife vor!
Chuck Berry war noch gar nicht erschienen – zumindest nicht auf meiner Weltbühne.

Was spielten wir denn damals und woran übten wir unsere Gitarrentechnik?
Es waren natürlich durchweg Stücke, die wir im Radio hörten oder die zufällig einer auf Schallplatte hatte. Immer Stücke mit Gesang. Instrumentals kannten wir anfangs noch nicht.
Also Songs wie *Michael, Row the Boat Ashore* – ein altes Sklavenlied – in der Version der Highway Men oder *Tom Dooley* vom Kingston Trio. Oder Skiffle-Stücke von Lonnie

Donegan, bei denen man mit einem Plektrum in der Rechten schön einfach schrammeln konnte (sowas hatte der Typ da seinerzeit im Zeltlager auf Sylt wahrscheinlich gespielt). Ein Plektrum ist ein dreieckiges Plastikteil verschiedener Härte, das den Fingernagel-Anschlag in stärkerer Art ersetzt.

Apropos rechte Hand – die Schlaghand. Die habe ich ja bisher vernachlässigt in meinen Beschreibungen. Mit der rechten Hand spielte man entweder Finger-Picking mit allen Fingern (wie Chet Atkins z.B.) oder mit einem Plektrum Einzeltöne oder Akkorde und als Begleitung dann mit einem bestimmten „Schlag" als Rhythmus (*„Kannste schon den Rumba-Schlag?"*). (Zur rechten Hand schreibe ich später bestimmt noch mehr!)
Ansonsten hörten wir noch viel Country-Music (Hillbilly hieß das damals) von Johnny Cash, Johnny Horton, Marty Robbins usw.

Gitarrespielen hieß damals nachspielen!
Wir suchten uns also für unsere Ohren wohlklingende Stücke aus dem Radio heraus und versuchten, die dazugehörenden Akkorde und Töne herauszuhören. Noten konnten wir ja nicht und es gab auch zunächst keine schriftlichen Unterlagen, aus denen wir die Akkorde hätten entnehmen können.
Also war wieder mal das Gehör gefragt!
Und der Austausch untereinander.
Irgendeiner hatte immer wieder mal irgendeine fragliche Passage gelöst und konnte sie vorspielen.
Wir waren alle Autodidakten. Unsere Kreativität wurde ständig gefordert, aber reichte nicht für eigene Kompositionen – das wäre zu früh gewesen.

Wer ein Stück am originalgetreuesten auf der Gitarre nachspielen konnte, war in dem Moment der bessere Gitarrist von uns. (Nach diesem Prinzip im übertragenen Sinn verfahren ja heutzutage immer noch viele der sogenannten Mucker- und Tribute-Bands).

Auf dem Hintergrund dieses Trends entwickelte sich parallel die Musikinstrumente – speziell die Gitarren.

Wieso gerade die Gitarre?
Ich denke, es liegt daran, dass das Gitarrespielen leichter zu erlernen ist als z.B. das Geigespielen o.ä., da das Griffbrett eine grafische Aufteilung zeigt, die man sich leicht logisch erschließen kann. Die Töne sind sicher zwischen den Bünden (Metallstäbe auf dem Griffbrett) gegen ungenaues Greifen gesichert. Dann ist die Gitarre „bequem" vor dem Bauch zu spielen und kann durch ihr Korpusvolumen raumfüllende Akkorde laut klingen lassen. Die Gitarre ist also vermutlich seit je her ein Instrument für „das Volk".
Um sie aber bei allen anderen mitspielenden Instrumenten wie Klavier, Schlagzeug und Bass nicht in den Hintergrund zu verbannen, musste sie irgendwie verstärkt werden. Es wurden Tonabnehmer entwickelt, sog. Pickups, die dicht unter den Saiten angebracht wurden, mit kleinen, die Saiten von unten fast berührenden Elektromagneten. Sie verwandelten die Schwingungen der Töne der jeweiligen Saite in elektrische Signale, die mittels eines Kabels über einen Verstärker und einen Lautsprecher ins Publikum übertragen wurden.
Ziel ist (so glaube und hoffe ich!), dass irgendwann der Originalklang der Gitarre unverändert – nur lauter – wiedergegeben werden kann. Ich denke, so ganz hat man das nach nun-

mehr über 70 Jahren noch nicht geschafft. Aber diese Pickup-Entwicklung schuf ihre ganz eigenen Sounds, die zwar nicht mehr so ganz den ursprünglichen Gitarrensoundcharakter hatten, aber dafür ganz eigene, sehr interessante und auf andere Art schöne Töne konstruieren konnten.

Meine Sorella

Bei uns in Deutschland wurden die Tonabnehmer auf den Korpus (meistens noch mit gewölbter Decke, also sog. Arch Top) geschraubt und das, was da rauskam, klang wie Jazzgitarre.

Nichts gegen die Jazzer, aber angesichts der neuen Klangwelten auf den Gitarren, war der Sound der Jazzgitarren genau der, den unsere Gitarren hatten, wenn die Saiten schon zu alt gewesen sind und dringend gewechselt werden sollten. Die Jazzer wollten offensichtlich diesen Klang - auch heute noch - und sie spielten teilweise diese Billy Lorento-Saiten, die geschliffen waren und keine Bewegung der Fingerkuppen über die Saiten wiedergaben - Hauptsache der Klang ist clean und steril! Das ist zumindest ein Bestandteil dieser Jazz-Welt, den ich bis heute nicht verstehe! Ich fühle mich dabei wenigstens ein bisschen von Frank Zappa unterstützt, der da sagte *„Jazz is not dead, but it smells funny!"*
Je nun, diese ersten Korpusgitarren mit Tonabnehmern waren aber schon ein neues Hörerlebnis für uns Wandergitarrenklampfer. Lauter war es allemal. Meine erste (und einzige) Gitarre in dieser Zeit war damals eine schwarzrot „sunburst"

lackierte Framus Sorella – für meinen Geldbeutel gerade noch finanzierbar (mit Hilfe von Oma Ella).

Meine erste Band, die Schulband *The Rangers* beim Bandstand. Ich links mit der Sorella und wenn man genau hinsieht, entdeckt man hinten hinter dem Schlagzeuger links und rechts die beiden „Heizlüfter" mit DC-Fix bezogen. (Schlagzeuger war übrigens gut – Snare und Becken, das war alles!)
Rechts Michael Petermann macht auf Elvis.

Aus den USA kamen zu dieser Zeit ganz andere Gitarrenklänge über unsere Radios zu unseren Ohren und ließen uns teilweise einen Schauer über den Rücken laufen.

Ursprünglich hatte eine Gitarre die Form einer Acht zu haben – wie Konzertgitarren heute noch. Das war das klassische Instrument. Inzwischen aber – und das war sogar bei meiner Sorella schon so – hatten viele Gitarren an der Stelle, an der der Hals in den Korpus überging, einen sogenannten Cutaway, kurz Cut. Ich habe zuerst nicht verstanden, was das sollte, bis ich begriff, dass man an dieser Stelle mit der Griffhand in höheren Lagen spielen konnte, man konnte jenseits des zwölften Bundes auf dem Korpus weiter spielen – je nach Größe des Cut.
Die Gitarren nahmen langsam merkwürdige Formen an, z.B. mit zwei Cuts – auf jeder Seite des Halsansatzes einer.

Da auch die Pickups ständig weiterentwickelt wurden und die ersten Brauchbarkeitserfahrungen beim Fronteinsatz dieser Gitarren gemacht wurden (Gewicht, Spielbarkeit, Größe, Publikumswirkung etc.), legte man bald nicht mehr so viel Wert auf den Eigenklang der Gitarre, sondern verließ sich mehr und mehr alleine auf die Pickups.
Es wurden Solidbody Gitarren gebaut. Gitarren, die keinen hohlen Korpus mehr hatten, sondern ein mehr oder weniger dünnes Brett.
Meine erste Begegnung mit so einer Gitarre war Anfang der Sechziger hier in Berlin bei einem Typ, der hieß Ecki Kraft oder so ähnlich und spielte eine Framus Hollywood. Eine Brettgitarre! Ganz kleiner Korpus mit zwei Cuts. Mir fielen fast die Augen aus dem Kopf.
Ich weiß nicht mehr, wie diese Hollywood damals geklungen hat, aber mein toller Gesamteindruck war sehr subjektiv durch dieses neue Erscheinungsbild und dem ganzen Drumherum.

Framus Hollywood

Brettgitarren kamen sehr schnell in Mode und der Vorreiter auf dem Musiksektor – die USA – legte schon einiges vor!

Buddy Holly hatte so ein Ding mit zwei ganz unterschiedlichen Cuts mit Rändern wie zwei verschieden lange Hörner, und einer Kopfplatte, bei der die Mechaniken alle auf der linken Seite waren – nicht drei links und drei rechts wie bei einer „ordentlichen" Gitarre! Diese Kopfplatte war auch in eine Richtung geneigt und hatte eine neue Form, wie eine Zipfelmütze mit einer großen Bommel. Und rechts am Rand stand der Name dieser ungewöhnlichen Gitarre (wenn man nah genug herankam, um das erkennen zu können) *Fender Stratocaster*. Wobei das F zu allem Überfluss nun auch noch falsch herum da stand, nach links zeigend oder so.

Fender, Gibson und Gretsch waren die amerikanischen Gitarrenfirmen, deren Instrumente immer wieder im Fernsehen oder auf Plattenhüllen auftauchten und die für uns wie der heilige Gral waren. Und sie ruhten sich nicht lange auf ihren Lorbeeren aus, nein, sie brachten immer wieder neue Modelle auf den Markt, dass einem hier in West-Berlin die Sinne schwanden. Fender Telecaster, Fender Jazzmaster, Gibson Les Paul, Gretsch Country Gentleman...
Vom Preis für uns unerschwinglich. Aber die kamen sowieso erstmal nicht nach West-Berlin.

Derweil waren unsere deutschen Gitarrenfirmen (Framus, Höfner etc.) bemüht (wie Jahrzehnte später die Japaner mit der Kopiererei unserer deutschen Fotoapparate), Billigkopien der amerikanischen Vorbilder zu produzieren und schnell auf den Markt zu werfen.
Ich kann mich noch erinnern, dass wir nach einem Wandertag zum Berliner Zoo mit unserem Klassenlehrer zurück zur U-Bahn-Station Nürnberger Ecke Augsburger Straße liefen und plötzlich an obiger Ecke das Musikhaus am Zoo sahen!
Unser Lehrer hätte nichts dagegen machen können, wir mussten unsere Nasen lange an die Schaufensterscheiben pressen. Dort standen bunte, einfarbige und mit Brokatstoff

(!) bezogene Gitarren nebeneinander aufgereiht, und wir kamen aus dem Staunen nicht heraus. Innerlich wurden bestimmt diverse Taschengeldberechnungen angestellt. Immerhin hatten sich inzwischen alleine in unserer Klasse drei Bands gebildet:

The Lightnings, The Rangers und *Donald and his Nephews.*
Bei den Vorbildern aus den USA war völlig klar, dass auch wir englische Namen haben mussten.
Zu diesen Bands komme ich gleich, aber die Vorgeschichte dieser Bandgründungen ist auch lesenswert.

Gegen Ende der 50er Jahre hatten wir schon ein paar ganz sonderbare Töne von Gitarren gehört – die hallten so nach: *Duane Eddy* mit *Peter Gunn* und *Rebel Rouser*. Axel war von dem Tag an Duane Eddy Fan und gründete den ersten deutschen Duane Eddy-Fanclub.
Das dicke Ende für mich kam aber noch 1960. Da kam eine englische (!) Band mit dem Namen *The Shadows* mit einem Stück namens *Apache* ins Radio und es zog mir die Beine weg!

Und es änderte schlagartig vieles in meiner und anderer Leute Gitarrenwelt. Ich bin mir nicht mal sicher, ob ich anfangs gewusst habe, dass das melodieführende Instrument eine Gitarre gewesen ist. Jedenfalls hatte ich einen derartigen metallischen Echoklang noch nie gehört. Das hatte mit unseren Lagerfeuer-Gitarren nichts mehr zu tun. Das Hören kam dabei auch erstmal lange vor dem Sehen. Einer erzählte mir damals, dass dieses Stück mit sieben(!) Gitarren gespielt wurde (vermutlich sollte das diesen Echoeffekt erklären, aber so war eben unsere Gerüchteküche damals). Der Sound fesselte mich und viele andere und sollte jahrelang die Grundlage für unsere Gitarren-Übungen werden.

Klar, dass sich alle Gitarristen meiner engeren Umgebung mit den Stücken der Shadows beschäftigten und es hier inzwischen ein größeres Interesse an Echo- und Hallgeräten gab.

Zu dem Repertoire, das die meisten West-Berliner Rockbands an Wochenenden in den Bars und Kneipen spielten, gehörten deshalb auch immer mehrere Stücke von den Shadows und von Cliff Richard, der die Shadows als Begleitband hatte.

Auf den spärlich erscheinenden Abbildungen dieser Band sah man neben den von allen bewunderten Fender-Gitarren auch immer eine bisher unbekannte Verstärker-Art, die vorn mit einem dunklen Stoff bezogen waren, der ein gartenzaunähnliches Muster zeigte – Vox-Verstärker aus England, die später bei praktisch allen Beatbands im Hintergrund auftauchten.

Alle meine Ersterfahrungen auf einer Gitarre und die Neugier und die Energie, weiterzumachen und nicht das Handtuch zu werfen trotz schmerzender Finger, verdanke ich Hank Marvin, dem Leadgitarristen der Shadows!

Und den Mädchen auf Sylt natürlich!!

Auch wenn man hier und da die Musik von damals belächeln mag - es gibt genug berühmte Gitarristen, die Hank Marvin ähnlich schätzen und es gibt deshalb wohl auch eine (mindestens eine) Hank Marvin Tribute-CD, auf der weltberühmte Gitarristen jeweils eins seiner Stücke interpretieren.

Jetzt nahm die Zahl der Instrumentals im Radio und im Laden auf Schallplatten rasch zu und wir übten uns die Finger wund, um *Apache* und ähnliche Sachen gut zu kopieren.

Die *Ventures* tauchten auf mit dem Stück *Walk, Don't Run*. Die waren mal wieder aus den USA. Sie hatten nicht soviel Echo wie die *Shadows*, aber der Sound war trotzdem höchst interessant.

Erwähnen will ich unbedingt noch die Spotnicks, eine Band aus Schweden. Sie lenkten die Echogerätegeschichte in ihre ganz spezielle Richtung, machten auf Spaceklang und traten wohl auch anfangs in Raumanzügen auf.
Als dann ihr *Orange Blossom Special* herauskam war ich platt – und nicht nur ich! Dieses Tempo konnte keiner von uns Gitarristen halten. Anatomisch unmöglich, dachte ich – geht gar nicht. Der muss da irgendwas im Studio gedreht haben, damit die Gitarre so schnell war.
Das Stück war ja ein Country-Traditionell und wurde demzufolge auch immer wieder mal von Country Bands gespielt. Da war aber das melodieführende Instrument die Geige. Es war wohl eine Idee einfacher zu fiedeln, und außerdem spielten sie das in der Regel etwas langsamer.
Ich habe das Stück mal von Chet Atkins, DEM Country-Gitarristen gehört, und siehe da, der Herr spielte es mit Fingerpicking. Das ging natürlich auch ziemlich schnell.
Nichts desto Trotz – das Spotnicks-Stück war der Hammer! Und sie legten noch nach in dem Tempo!
Um 1960 herum haben sie bei uns in Berlin im Casaleon gespielt. Das hatte ich aber leider erst im Nachhinein gehört. Zumindest weiß ich inzwischen, dass der Gitarrist der Spot-

nicks – Bo Winberg – die ganzen schnellen Parts der Stücke wirklich direkt gespielt hat – kein Schmu, nix! Respekt!!!
Die Shadows waren, wie weiter vorn schon gesagt, auch die Begleitband von Cliff Richard, der eigentlich ganz guten Rock'n'Roll sang, und somit konnten wir gleich zwei Fliegen mit einer Klappe schlagen – guten Rock'n'Roll und fetzige Echogitarre im Hintergrund, und in der Mitte des jeweiligen Songs als Solo im Vordergrund.

Und alle spielten diese Fender Stratocaster!

Vom Heizlüfter zum Vox

Ich hatte einen älteren Nachbarn, Herr Schuder, der nachts in Bars Gitarre spielte – irgend so'n Jazz, der aber außerdem noch Elektriker war und Verstärker selber bauen konnte und sogar ein Echogerät. Und alles für einen erschwinglichen Preis. Das waren Spanplattenboxen mit DC-Fix beklebt, die oben einen Koffergriff aufgeschraubt hatten. Sie sahen eigentlich mehr oder weniger wie ein Heizlüfter aus. Aber sie funktionierten und das Echogerät war wirklich faszinierend. Ich konnte einen Ton auf der Gitarre spielen und aus dem Lautsprecher kamen drei, vier oder fünf Töne heraus – je nachdem, wie ich das vorher eingestellt hatte – so dass es wirklich wie ein Echo klang.
Mit dieser Ausrüstung kam es dann auch zum Bandstand in der Aula unserer Schule.

Wir waren alle miteinander befreundet, Dieter und Wuffi von den *Lightnings*, Axel von *Donald and his Nephews* und ich von den *Rangers*, deshalb war es keine wirkliche Konkurrenz untereinander, zumindest nicht unter uns vieren.
Die Lightnings hatten schon die Höfner-Gitarren aus dem Schaufenster vom Musikhaus am Zoo und ein echtes Echocord von der Firma Dynacord, nichts Selbstgebasteltes. Und einen echten Dynacord-Verstärker – weiß der Himmel, woher die das Geld hatten (wahrscheinlich sponsored by Oma).
Axel hatte immer noch seine Laubsägegitarre und ich meine Framus Sorella und zwei Heizlüfter.

Welche Stücke wir damals spielten, weiß ich nicht mehr – die Lightnings spielten auf jeden Fall *Cliff Richard & The Shadows* - Sachen, z.B. *Move It.*
Die Aula war brechend voll, die ganze Schule war anwesend, um die jeweiligen Favoriten anzufeuern, und es machte uns – bei allem Lampenfieber (wir waren ja alle zum ersten Mal auf einer Bühne!) einen großen Spaß.
Abgeräumt haben bei diesem Bandstand aber andere, ganz unerwartet. Denn es gab noch mehr Leute an unserer Schule, die Musik machten, ein Instrument gelernt hatten und auch singen konnten, wovon wir bis zu diesem Tage nichts wussten!
Da war ein Typ aus einer höheren Klasse, mit blonder Lockentolle in der Stirn, der sich an den schuleigenen Flügel setzte und auf *Jerry Lee Lewis* machte. Er war dermaßen gut, Dass er tosenden Beifall bekam.
Aber das wurde sogar noch getoppt!
Plötzlich erschienen zwei ältere Typen – 13. Klasse oder so – mit zwei Wandergitarren (!) und fragten, ob sie außer Konkurrenz mal was singen dürften. Durften sie! War ja klar.

Und dann sangen die hintereinander mehrere Stücke von den *Everly Brothers* – ohne Echogerät, ohne Fender Stratocaster, ohne alles, was unserer Meinung nach unbedingt zu einer Band gehört.
Sie sangen so lupenrein das Original von *All I Have To Do Is Dream* und auch *Bye Bye Love,* dass wir nur noch mit offenem Mund staunend lauschen und danach heftig klatschen konnten.
An dem Tag wurde mir zum ersten Mal deutlich, dass technische Ausrüstung nicht alles ist.

Axel, Wuffi, ich und Dieter (von links)

Achim Fraenkel und ich beim Bandstand

The Lightnings: Dieter (mit einer Framus Hollywood), Wuffy und Manfred Meyer

Axel mit seiner Laubsäge-Gitarre,
hinten Karsten am Schlagzeug

Der heilige Gral Stratocaster

Nach meiner Einsegnung spielte die Kirche nicht mehr die große Rolle in meinem Leben, die wurde stattdessen inzwischen von der Fender Stratocaster übernommen.
Ich bete sie nicht gerade an, aber so ungefähr stellte ich mir den heiligen Gral vor.

Die Beschäftigung und der Aufenthalt der Jugendlichen zu dieser Zeit wurde inzwischen von den bezirklichen Jugendheimen oder auch Jugend-Freizeit-Heimen übernommen. Sie stellten Räume und Personal und bemühten sich nach Kräften, Kind- und Jugendgemäßes anzubieten. Wir sollten wohl in unserer Freizeit möglichst nicht auf die schiefe Bahn oder unter die Räder kommen, wie es so hieß.

Bands schossen in diesen Jahren ab 1960 wie Pilze aus den Böden, und da Bands Übungsräume brauchten, in denen es auch mal laut sein durfte, hatten Jugendheime natürlich DAS Passende. Wenn sie für uns lockende Angebote hatten, dann waren es Räume!

Mein Jugendheim war das Jugendheim Rathausstraße in Berlin Mariendorf. Hier war es auch möglich, andere Musiker, die man persönlich gar nicht kannte, und andere Bands kennenzulernen, indem man einfach an eine der zahlreichen Türen klopfte und fragte, ob man mal zuhören durfte. Meistens durfte man!
In der Rathausstraße übten immer die *Country Stars*, die *Team Beats* und manchmal Heinz von den *Boots* ganz alleine an seinem Schlagzeug. Was der Schlagzeuger von den

Ventures als Intro zu *Walk, Don't Run* spielte, übte Heinz hier hintereinander weg stundenlang. War auch eine schwierige Nummer, denn bis heute habe ich keinen Trommler gehört, der das lupenrein spielen konnte – bis auf Peter von den Team Beats, aber dazu später...

Die Country Stars hatten einen Gitarristen – ich habe erst meinen Augen nicht getraut – der eine echte Stratocaster hatte. Und spielte. Der Typ hieß Achim Altstadt wird aber bis heute Henk genannt, und er stand bei mir von der ersten Begegnung an in hohem Ansehen. Na klar!

Achim Altstadt

Er war so ungefähr sechs, sieben Jahre älter als ich, und das war damals für mich eine gefühlte Generation weiter weg. Er hatte eine eigene Wohnung und eine Freundin und war kein Jugendlicher mehr. Trotzdem unterschied er sich deutlich von Herrn Schuder. Er interessierte sich offensichtlich und hörbar für dieselbe Musik wie unsereiner.

Achim Altstadt von den Country Stars

Ich weiß nicht mehr, mit welchen beiden meiner Freunde wir dann bald zu ihm pilgerten – er hatte angeboten, ihn ruhig mal zu besuchen.

Da war sie dann endlich! Die Strat! Eine echte!
Von nahem – wir durften sie wirklich in die Hand nehmen und sogar darauf spielen – sah ich nun die filigranen Einzelheiten dieses heiligen Grals, die man auf Abbildungen der damaligen Zeit nicht so genau erkennen konnte.
Der Korpus war nicht einfach so aus einem gleichmäßig flachen Brett ausgesägt, nein, er hatte auch an einigen Stellen sauber abgeschliffene Einbuchtungen zur anatomisch korrekten Anpassung an den Beckenknochen und den unteren Rippenbogen des Gitarristen! Das muss man sich mal vor-

stellen! Leo Fender und seine Konstrukteure hatten sich bei der Konstruktion etwas gedacht! Die Gitarre war ergonomisch gebaut, obwohl ich mir nicht vorstellen kann, dass es diesen Fachbegriff damals schon gegeben hat.
Dazu kam, dass diese Strat in sunburst lackiert war, ein stufenloser Farbübergang von schwarzbraun über rot zu gelb.

Ich habe selten eine Gitarre so ehrfürchtig und übervorsichtig in die Hand genommen, wie diese Strat von Achim Altstadt.

Die Fender Stratocaster

Von nun an besuchten wir ihn öfter und begannen bald, mit ihm zu fachsimpeln, spielten uns gegenseitig unsere neuesten Fingerfertigkeiten und Techniken vor und konzentrierten uns hauptsächlich auf die erste LP der Shadows. Achim konnte alle Stücke nachspielen. Wir lernten damals so einiges von ihm.
Nach meinen Maßstäben war er sowieso auf einem viel höheren Level als wir, und das lag nicht nur an seiner wunderbaren Stratocaster.

Von den *Truck Stop* hört man sogar, dass sie nur deswegen zu der Musik gekommen und bei uns bekannt sind, weil sie damals Achim "Henk" Altstadt mit seinen Country Stars im Star-Club Hamburg gehört hatten und begeistert davon waren, dass so eine Musik selbst in einem klassischen Rock'n'Roll-Laden Erfolg hatte.

The Country Stars

The Flying Stars

Mein Freund Achim Fraenkel – also nicht der Achim mit der Strat! – spielte als erster von uns öffentlich in einer Band, den *Flying Stars*. Sie spielten das, was alle Bands bei uns damals spielten: Rock'n'Roll aus den USA und von Cliff und den Shadows. Sie spielten im Playmate am Ostpreußendamm, einer Bar in der Nähe der McNair-Kaserne in Lichterfelde Ost. Das Publikum bestand hauptsächlich aus GIs und deutschen Frauen und Mädels.

Die „Bühne" für die Band war ein vier Handtücher schmales Podest gleich rechts neben dem Eingang mit so was wie einem Treppengeländer ringsherum, hinter dem die Musiker inklusive Schlagzeug standen oder saßen. Die Band bestand aus vier Leuten:
Sänger mit Gitarre, Sologitarre (Achim), Bass und Schlagzeug. Und sie trugen Lurex-Jackets – gold glitzernd!

Die Amis soffen und tanzten zur Musik und hatten offenbar keine Probleme mit dem Englisch der deutschen Rock'n'Roll-Singerei.
Ich glaube, Achim hat mich sogar mal an die Sologitarre ran gelassen, bei einem Stück, dass ich besonders gut konnte.
Vor Fremden zu spielen, für Geld? Mir lief ein Schauer den Rücken runter und ich war schweißgebadet, als ich Achim die Gitarre zurückgab.
Irgendwann, Monate später, musste Achim mal für zwei Wochen ins Krankenhaus – nichts Schlimmes, aber die Band wäre dann ohne Sologitarre gewesen. Er fragte mich deshalb, (und mein Herz schlug bis zum Hals in diesem Mo-

ment!), ob ich für ihn zwei Wochen einspringen würde, er würde mir dafür auch seine Höfner (Strat-Nachbau) solange borgen (ich konnte ja auch schlecht mit meiner Sorella auf einer Bühne öffentlich vor Publikum...).
Klar machte ich das. Ich kannte ja schon das Programm der *Flying Stars* und die kannten mich.

Nun war ich offensichtlich – man glaubt es nicht – Gitarrist in einer Band, die damit Geld verdiente und nicht nur in irgendeinem Übungsraum eines Jugendheims vor sich hin übte!

Das wurden aufregende Nächte im Playmate! Die Amis fingen immer wieder mal eine Prügelei an, was ziemlich gefährlich aussah. Die Band war aber immer immun! Egal, was passierte. So brutal die GIs manchmal aufeinander losgingen – wir mussten uns nie Sorgen um unsere Sicherheit machen. Meisten kam ziemlich bald die MP und die ganze Geschichte erledigte sich schnell. Ich musste allerdings manchmal staunen, dass sehr kräftige, breite „Schränke" vor dem kleinsten Militärpolizisten kuschten! Die schienen irgendwelche Fähigkeiten zu haben, von denen wir nichts ahnten und die ihnen nicht anzusehen waren.
Na, jedenfalls bekam ich manchmal von den GIs sogar Beifall, wenn ich F T A (fuck the army) übers Mikrofon rief.

Zu dieser Zeit war es in West-Berlin üblich, dass gute Sänger aus anderen Bands mal hier und da vorbeischauten und dann von der Hausband gefragt wurden, ob sie nicht mal eine Einlage singen wollten. So auch hier bei den *Flying Stars* im Playmate am Ostpreußendamm.
Einer dieser Einlagensänger hieß oder nannte sich Joey H. Nochwas. Er machte äußerlich auf GI obwohl er Deutscher

war, und seine andere Masche war, den Jerry Lee Lewis zu doubeln. Er sang natürlich immer das obligatorische *Whole Lotta Shakin'* usw., wurde mit Beifall übersät, gab eine Zugabe nach der anderen, bekam am Tresen sein Bier aufs Haus und verschwand dann wieder mit seinem ganzen Hofstaat, den er natürlich mitgeschleppt hatte.

Ein anderer – viel besserer Sänger – hatte zwar einen komischen Namen, Drafi Deutscher, aber der war amtlich.
Er kam auch mit seinem Hofstaat öfter vorbei und es hieß dann immer „Eijh, Drafi, singste mal 'ne Einlage?"
Wenn der loslegte war ich völlig sprachlos! Drafi sang Elvis wie Elvis, Cliff wie Cliff und Little Richard wie Little Richard! Das hatte ich noch nie gehört! Er konnte wirklich ein ganz hartes *Tutti Frutti* wie Little Richard singen oder noch schärfer, das *Bop A Lena* von Ronnie Self (über den die Gerüchteküche erzählte, dass er beim Singen dieses Stückes einen Lungenriss erlitten hatte, was aber Quatsch war). Drafi war aber auch imstande, im nächsten Moment ein ganz zartes, weiches *Donna* von Ritchie Valens lupenrein zu singen oder ein *Living Doll* von Cliff!
Seine späteren Plattenhits geben nur ungenau wieder, was er wirklich konnte, und das lag nicht zuletzt an den Plattenstudios, aber dazu komme ich noch.

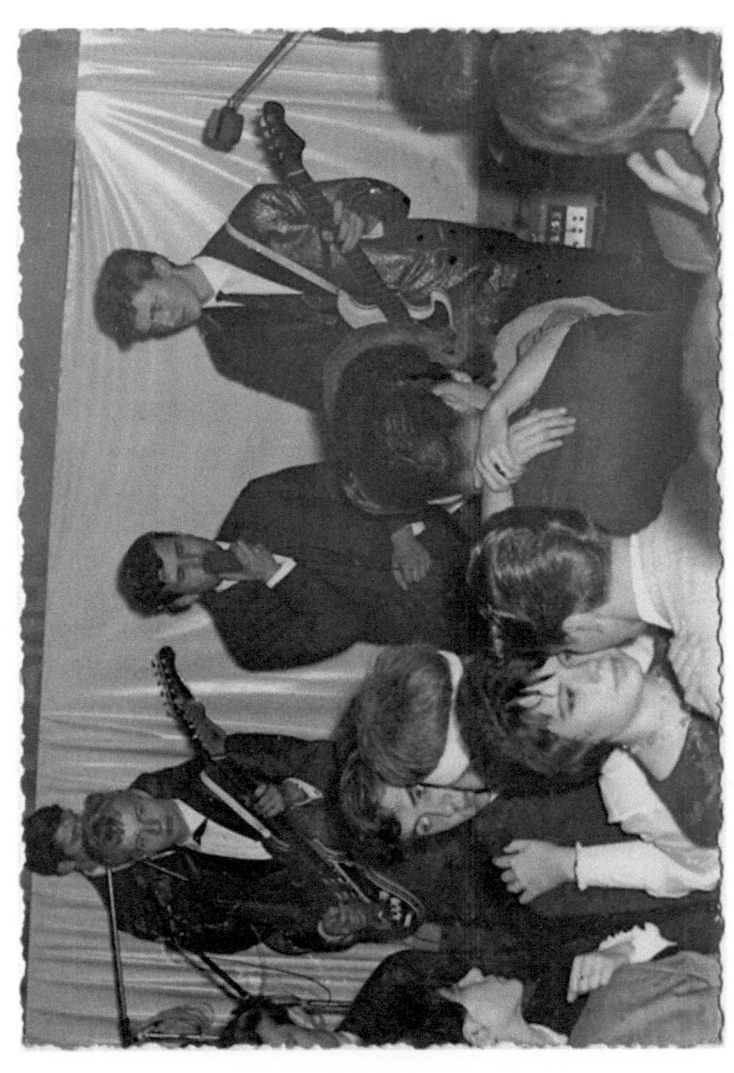

Drafi singt eine Einlage
Achim Fraenkel an der Gitarre, Ronald Ratzke am Bass

Inzwischen waren die zwei Wochen Krankenhausaufenthalt für Achim vorbei und damit auch meine abenteuerliche Tätigkeit als Gitarrist einer öffentlich auftretenden Band.
Mich traf der Hammer! Die Flying Stars fragten mich, ob ich nicht bei ihnen bleiben möchte, ich wäre ein viel besserer Gitarrist als Achim!
Erstmal geht so was natürlich runter wie Öl.
Es stand aber von vornherein fest – so was ist mit mir nicht zu machen! Einem Freund in den Rücken fallen geht gar nicht!
Damit war das Thema Flying Stars erledigt – dachte ich.
Eine Woche später kam der Sänger nochmal zu mir, sie hätten sich von Achim getrennt, ob ich jetzt nicht nochmal darüber nachdenken könnte... Nach Rückfrage bestätigte Achim die ganze Geschichte und machte mir Mut, das Angebot anzunehmen. Was ich auch tat.

Die folgende Zeit war für mich eine längere Gitarren-Trainingseinheit unter Frontbedingungen, die mich sicherer und mit zunehmender Sicherheit auch selbstbewusster werden ließ.
Ich kam allerdings durch das ständige Nachtleben auch immer häufiger mit der Halbwelt in Berührung und hatte mit Leuten zu tun, die ich unter normalen Umständen bestimmt nie kennengelernt hätte (Nutten, Türsteher, Kleinkriminelle, Zuhälter etc.). Außerdem erfuhr ich Näheres von einer Syphilisbehandlung bei einem Sänger, wurde aufgeklärt über Tripper und die Symptome bei Filzlausbefall etc. und bekam gute Arztadressen für den Fall der Fälle.
Ich trieb mich auch oft in den anderen einschlägigen Etablissements Berlins herum, in denen Bands spielten.

Man muss sich das mal vorstellen – die Gesamtsituation war eine völlig andere als heute:
Rock'n'Roll, später Beat-Musik war die alles toppende Mode dieser Zeit. Jeder Kneipier, der irgendwie ein kleines Plätzchen als Bühne hatte, stellte es zur Verfügung. Da gab es Kneipen, die gerade mal handtuchbreit waren und dann noch an der schmalen Stirnseite gegenüber der Eingangstür ein Podest eingerichtet hatten, das die Bühne sein sollte.
Die Florida Bar – Mainzer - Ecke Biebricher Straße in Neukölln – war ein Beispiel dafür. Wenn da ein Schlagzeug auf der „Bühne" stand, mussten sich die Restmusiker irgendwie drumherum verteilen und auch neben dem Podest stehen. Aber egal! Es wurde losgedröhnt und das Bier lief und die Kneipe war voll.

Die Finanzierung wurde – je nach Kneipier – nach individuellen Vorstellungen gehandhabt: Feste Gagenvereinbarung vorher, anteilige Gage am Eintritt, Verzehrgutscheine für die Band oder Freibier am Tresen usw.

Alle Bands hatten englische Namen (*The Beats, The Allies, Didi and his ABC-Boys, Restless Sect, The Beatcats, The Twangy Gang*) und spielten ihre Vorbilder nach.

The Beatcats

Da wir fast alle die gleichen Stücke im Programm hatten, kannte ich auch die meisten Texte, und weil ich in Englisch an der Schule auch relativ gut war, hörte ich sofort, wenn da bei einem Sänger etwas nicht ganz korrekt war.

Die GIs und das Englisch der Berliner Bands

Was die Besatzungssoldaten sich da manchmal von den Berliner Bands an Englisch anhören mussten...
Ich meine, sowas wie das Englisch des deutschen Co-Piloten während des Landeanflugs am Flughafen Tempelhof bei seiner Durchsage *„Aua wäser is gutt!"* kann man ja wenigstens noch mit nach hinten geklappten Augen und gutem Willen verstehen, aber manchmal gab es wirklich Bands, bei denen der Sänger offensichtlich gar kein Englisch konnte und dann rein phonetisch durch das Mikrofon krähte.
Dabei hatten wir doch alle im Englischunterricht *Peter Pim & Billy Ball* gehabt!
Ich weiß nicht, wie das bei den GIs und Tommies angekommen ist. Sie zeigten nie irgendwelche Reaktionen oder hämisches Grinsen hinter vorgehaltener Hand, wenn da einer mal *„Ähff Tschuuh Bedderpläähn Tu Motto Fässt.."* sang! Das sollte die erste Zeile von Route 66 sein: *„If you ever plan to motor west"*.
Egal!

Auch weiterhin gab es die Fachgesprächs-Besuche bei Achim Altstadt und auch meine Besuche im Jugendheim Rathausstraße, allerdings konnte ich jetzt im Gegensatz zu frü-

her schon etwas mehr vorweisen – ich spielte als Sologitarrist an den Wochenenden nachts in Bars mit einer Band (obwohl ich noch Schüler war).
Manchmal klopfte ich in der Rathausstraße im Keller an die Tür der Team Beats und durfte zuhören. Sie waren schon eine lokale Größe und gelegentlich mit Artikeln in der Tagespresse zu bestaunen – meistens Ankündigungen von ihren Konzerten irgendwo in Berlin.
Schon bei ihren Proben war der Keller schon fast voll mit Leuten, die gar nicht zur Band gehörten, wie ich.
Da war zu allererst mal der Schlagzeuger – Peter Butschkow, genannt Butschi. Nach meinen damaligen Maßstäben ein Wahnsinnstrommler! Was der da zeigte, besonders, wenn er mal ein Schlagzeugsolo brachte, war höchste Qualität. Das hörte sich deutlich anders an als das, was ich bisher kannte, das übliche Tsching-Peng-Bumm.
Ich glaube heute, dass er mich durch seine äußerst präzisen, wie ein mechanisches Uhrwerk ablaufenden, sehr rhythmischen Schlagzeugtöne, auch über viele Trommeln mit unterschiedlichen Sounds, und manchmal mit überraschenden Breaks, nachhaltig für das Instrument Schlagzeug begeisterte.
Ich fing bald an, mit beiden Händen auf beliebigen Unterlagen zu trommeln, meistens auf Tischkanten etc. und merkte, wie schwierig das bei bestimmten Figuren doch war. Aber ich wurde besser und letztendlich half mir das auch, auf der Gitarre mit der rechten Hand schwierigere, rhythmische Sachen hinzukriegen.
Meine Schüler haben mir später mal unter der Hand grinsend erzählt, dass sie sich oft genervt gefühlt hatten, wenn ich während einer Stillarbeitsphase vorne am Lehrertisch (leise) vor mich hin getrommelt hatte...

Ähm.......
Weiter zu den Team Beats.
Da gab es noch einen Gitarristen, der auch Sänger war – „Ede" Wolf, und einen Sänger, der nur Sänger war – Henne Winterstein. Dazu kam Olaf Leitner am Klavier und Joachim „Atze" Gierloff an der Rhythmusgitarre. Wer Bass spielte weiß ich heute nicht mehr. Aber es gab noch den Manager der Band – Joachim Wilhelm, genannt Kahli wegen seiner Geheimratsecken.
Sie hatten einen Manager! Das hatte ich vorher noch nicht erlebt.
Sie spielten das übliche, wie die *Flying Stars* und die anderen Bands. Trotzdem hatte ich den Eindruck, dass sie etwas besonderes waren – sie tauchten regelmäßig in der Presse auf, hatten einen Manager und sorgten auch für ausreichend Reklame (druckten eigene Plakate, hatten eigene Visitenkarten etc.). Eine dieser Visitenkarten wurde mir mal in die Hand gedrückt:

Team Beats
– Twist-Beat- und Sweet-Band -
(oder so ähnlich) und darunter dann
Berlin * Paris * Wien.

Das machte schon einen ordentlichen Eindruck!
Sie spielten nicht so sehr in Nachtbars, sondern häufiger in Jugendheimen und Beatschuppen in Berlin und auf privaten Veranstaltungen, für die sie gebucht wurden (Ball der Fleischerinnung im Hilton Dachgarten oder Weihnachtsfeier der Brauerei soundso im Palais am Funkturm usw.). Da schien es dann wohl auch mehr Gage zu geben, als für einen durchschnittlichen Nachtbar-Rock'n'Roll-Auftritt bei den Amis.

Inzwischen hatte ich aber genug Geld mit den *Flying Stars* verdient, dass ich mir endlich eine Fender kaufen konnte. Und weil ich nun nicht mehr der erste mit einer echten Stratocaster sein konnte – das war schon Achim Altstadt – kaufte ich mir eine Fender Jazzmaster. Die war auch häufig neben der Strat in einigen Bands aus den USA zu sehen, also schien sie ja was Wichtiges zu sein. Auch die *Ventures* spielten außer der Stratocaster mit einer Jazzmaster.
Sie hatte die gleiche Sunburst-Lackierung, wie die Strat, aber einen Korpus mit einer völlig anderen Form – mehr schräg versetzt, aber auch dem menschlichen Körper angepasst. Naja, ich hatte jedenfalls endlich eine Fender!

Irgendwann anfangs der Sechziger bekam ich einen denkwürdigen Brief, den die Team Beats alle heute noch wörtlich zitieren können:
„Wie wir gehört haben, spielen Sie die Melodie-Gitarre..." - eine derart altmodische Formulierung, dass sie nur vom Manager der Band stammen konnte!
Sie luden mich ein ins Jugendheim Rathausstraße zum Vorspielen!
Mich!!
Dann war da noch eine Visitenkarte mit Berlin-Paris-Wien im Umschlag...
Ich war platt!

Die Band hatte sich vermutlich verkracht und von ein paar Leuten getrennt. „Ede" Wolf war nicht mehr dabei und Henne Winterstein wohl nur noch theoretisch – zumindest habe ich ihn nie mehr gesehen oder gehört.

Zum verabredeten Termin nahm ich meine Jazzmaster und erschien pünktlich zur Beschnupperungsprobe. Durch meine Besuche kannten wir uns zumindest schon etwas; ich war also keine fremde Person.
Sie benutzten diesmal einen sehr großen Raum des Jugendheims im ersten Stock – nicht mehr im Keller – mit langer Fensterfront. Es war taghell zum Üben, ganz ungewohnt. In diesem Raum hatte Heinz von den *Boots* sonst immer am Schlagzeug geübt.

Tja, wie ging das Ganze los?....

„Kannste Bulldog?"

Es fiel oft der Satz „Kannste dit...?" – dann spielten wir ein bisschen an Stücken herum, die damals sowieso jeder kannte, Stücke von den *Shadows* und den *Ventures*, also Instrumentals.
Klar, Henne und „Ede" hatten vorher in der Band gesungen. Nun war kein Sänger mehr da. Also blieben nur die Instrumentals.
Ich hatte durch meine ständigen Übereien an den *Shadows*- und *Ventures*-Stücken bei Achim Altstadt und auch sonst ein großes Repertoire an Instrumentals parat. Ich beherrschte damals sage und schreibe über hundert Gitarren-Instrumentalstücke! Von Apache bis Walk, don't run und mehr.
Da kam von Butschi die Frage „Kannste Bulldog?" – eine Schicksalsfrage, über die wir noch heute zusammen lachen.

Bulldog war ein Stück der *Ventures,* ein ganz simples Stube-Küche-Bad-Stück! Dafür musste man nicht viel auf der Gitarre können. Ungefähr so wie bei Peter Gunn. Aber das Schlagzeug zu Bulldog war anspruchsvoll! Ein kleines Kunstwerk, wodurch dieses Stück überhaupt interessant wurde.
Butschi konnte hier zeigen, was er wirklich konnte, und am Ende sah er zu den anderen der Team Beats und meinte: „Den nehmen wir!"
Saaagenhaft!
Ich war nunmehr vollwertiges Mitglied der Team Beats!
Übrig von den ursprünglichen Team Beats waren - außer Butschi - nur noch Olaf und Atze.
Was mit der Stelle des Bassisten war, habe ich vergessen.
Atze spielte eine Strat als Rhythmusgitarrist.
Die Frage „Wer singt?" tauchte natürlich bald auf. Ich hatte „Ede" Wolfs Stellung eingenommen, aber nur als Sologitarrist.

Gesungen haben wir als Kinder immer schon – Kinderlieder, Weihnachtslieder, Kirchenlieder, auch am Lagerfeuer und später die neuesten Rock'n'Roll-Stücke aus dem Radio. Aber nur unter uns oder in Gemeinschaft mit anderen, nie vor Publikum.
Atze, Olaf und ich probierten mal im Übungsraum zusammen oder einzeln zu singen – über Mikrofon und verstärkt aus allen Boxen, aber wir waren Anfänger und hätten uns nicht mit den uns bekannten Sängern der Berliner Szene messen können.
Wir brauchten also unbedingt einen Bassisten und einen Sänger.
An einen Bassisten erinnere ich mich noch – Ronald Ratzke. Den kannte ich noch aus meiner Zeit mit den Flying Stars, er

spielte zu dieser Zeit in einer anderen Band in den gleichen Kneipen bei den Amis. Ich habe ihn zu den Team Beats mitgebracht.

Sänger haben wir mehrere ausprobiert, aber dabei lernten wir auch schnell die Besonderheiten dieser Herrschaften kennen: meistens exaltierte, Möchte-gern-Show-Menschen, die sich wenig um die zwischenmenschlichen Dinge innerhalb der Band kümmerten. Unberechenbare Chamäleons mit speziellen Macken.
Ätzend, wenn wir nach einem Konzert mitten in der Nacht schweißtreibend unsere Anlage abbauen, zum Bandbus tragen und verstauen mussten, meterlange Kabel sorgfältig zusammenlegen und in Kisten einordnen mussten (einen Roadie hatten wir anfangs noch nicht!), und so ein Sänger sich gleich zu Beginn der Abbauarbeiten verdrückte: *„Ich hab meine Mikes. Ich geh dann mal. Tschüss Jungs!"*
Dieser Joey H. Soundso – der Möchtegern-GI-Jerry Lee Lewis war auch eine zeitlang unser Sänger. Wir mussten unser Repertoire ihm anpassen und mehr Jerry Lee-Sachen machen, aber okay. Das ging ganz gut.

Dieser Joey hatte ganz spezielle Macken! Erstmal tat er immer so, als sei er ein Ami. Dann malte und zeichnete er abstrakte, bunte Formen und Kurven auf Briefumschläge, in denen er dann Briefe an seine Freundinnen verschickte. Bis wir merkten, dass seine Kunstwerke ganz fein stilisierte Vaginas darstellen sollten – Mösenbilder! Man glaubte es nicht! Außerdem schleppte er ständig ein kleines Köfferchen (Beischlafutensilienkoffer, kurz BUKO) mit sich herum, mit, was er uns eines Tages verriet, allen möglichen Abtreibungsuten-

silien: „Rotwein, Lorbeerblätter, Kondome.." weiß der Himmel was sonst noch!
Unser Trommler Butschi erzählte, dass Joey einmal mit einer Dame, die er wohl gerade in der Mache hatte, aus einer Taxe stieg und ihm mit dem Satz auf die Pelle rückte: *„Riech mal, riech mal...riechste?"*
Er duftete nach Sperma und Mösensaft. Meinte er. *„Ich hab nix gerochen. Höchstens Schweiß"*, meinte Butschi.

Als wir zum Ball der Fleischerinnung im Hilton Dachgarten spielten, wurde Joey, der als Star natürlich zuletzt ankam, vom „Kapitänleutnant" unten am Eingang nicht hereingelassen. Er erschien mit gelbem Wollhemd, blauem Halstuch, lila Hose, barfuß in Latschen und mit ausgefranstem Strohhut auf dem Kopf! Und seinen BUKO unterm Arm natürlich!
Unser Manager hat beschwichtigend auf beide eingeredet und Joey durfte endlich auch irgendwann passieren.
Auf den ständig brechend vollen Konzerten im Schützenhof Rendsburg wurde Joey allerdings – das muss man ihm auch zugute halten – auf dem Rücken des Publikums mit tosendem Beifall durch den Saal getragen.

„...wenn so ein Siebzehnjähriger mal über Land geht!"

Rendsburg war ohnehin ein Thema für sich. Der Wirt des Schützenhofes, mit großem Saal für Veranstaltungen, muss sich damals dumm und dämlich an uns verdient haben. Da wir als West-Berliner ungerne mit der ganzen Anlage durch die Zone fuhren und für ein einziges Wochenende nach Rendsburg und zurück erst recht nicht, bezahlte er Hin- und Rückflug mit kompletter Anlage als Übergepäck nach Hamburg, wo er uns dann mit mehreren PKWs abholte.

Ich weiß noch, dass er mal beim Verstauen der Echolette-Boxen in seinem Mercedes-Kofferraum die Kofferraumklappe nicht ganz schließen konnte und sie dann mit Gewalt zuschmiss. Womit an einer Ecke Lack absplitterte, was er mit „Macht nichts" quittierte!

Der Wirt hieß Herr Looft (so'n Typ Meister Schurich) und meldete sich am Telefon immer mit „Schützenhof, Looft", was wir stets mit „Das glauben wir Ihnen gerne!" oder vergleichbaren Bemerkungen beantworteten. Er hat den Berliner Witz aber wohl nie verstanden.

Die Sprache da oben im „Hohen Norden" war für uns sowieso ziemlich gewöhnungsbedürftig. Da gab es Ortschaften mit solchen Namen wie z.B. Goldelund und Joldelund – was ja für einen Berliner dasselbe ist!

Mit der PAN AM von Berlin nach Hamburg

Rendsburg war meine erste große und denkwürdige Veranstaltung mit den Team Beats. Ich kann mich heute noch gut daran erinnern:

Wir kamen mit unserem Treck aus Hamburg an und verstauten den ganzen Kram auf der Bühne und in unseren Zimmern, machten Soundcheck und schlenderten dann durch Rendsburg. Natürlich ohne Joey, der wieder malte und zeichnete war und sich für sonst nichts interessierte.
Unterwegs begegneten wir einigen Mädels – Team Beats-Fans wie sich bald herausstellte – die uns schon von früheren Konzerten kannten. Und wir wurden angehimmelt! Das hatte ich bis dahin noch nicht erlebt!
Mein Entschluss von damals im Zeltlager Dikjen Deel schien sich langsam zu amortisieren!
Die Anhimmeleien summierten und steigerten sich noch im Laufe des Tages, aber vor allem während des Konzerts und der Konzertpausen, so dass ich mich irgendwie beschwingt, getragen und sehr wichtig zu fühlen begann. Selbst vom männlichen Teil des Publikums wurden wir bewundert und mit Schulterklopfen in den Pausen unten auf der Tanzfläche begrüßt.

Autogramme auf Fan-Rücken

Team Beats in Rendsburg
(von links) Olaf, Butschi, Atze, Ronald und ich
(hier mit Hartmut Uckert als Sänger)

Ich war ja gerade siebzehn und meine Oma Ella hatte vorher hinter meinem Rücken beim Manager angerufen und ihn gebeten, ein bisschen auf mich aufzupassen, unter anderem mit dem Satz *„Sie wissen ja, Herr Wilhelm...wenn so ein Siebzehnjähriger mal über Land geht!"*
Dieser Satz verfolgte mich von diesem Tag an durch die ganze Team Beats-Zeit! Immer wenn ich mal wieder mit irgendeinem Groupie in irgendeinem Hotelzimmer oder sonstwo verschwunden war, hörte ich von irgendeinem der Team Beats aus dem Off, vom Flur oder aus dem Nebenzimmer: *„Ja ja, wenn so ein Siebzehnjähriger mal über Land geht!"*

Mit siebzehn pendelte ich irgendwo zwischen Pubertät und Erwachsensein, also war ich das eine nicht mehr und das andere noch nicht. Ein labiler Zustand. Sehr leicht durch prägende äußere und innere Ereignisse beeinflussbar. Ein Mädchen anzusprechen war nicht schwer, das fiel einem quasi in den Schoß wenn man in einer Band spielte und nicht gerade ein Ausbund an Hässlichkeit war. Es konnte aber auch in Arroganz und Überheblichkeit abdriften. Die Gefahr war groß und es war nur ein schmaler Grat zwischen anständig und abartig.
Ich war inzwischen nicht mehr ein normaler Bürger, ein Passant der nicht weiter beachtet wurde. Besonders in einschlägigen Kreisen der Beatmusik war ich eben der Gitarrist der Team Beats. Ich merkte das schnell, wenn die Blicke an mir haften blieben, länger als üblich, wenn Mädels ihren Gesichtsausdruck in Richtung Sympathie und Interesse oder gar Habenwollen veränderten.
Ich war derjenige, der wählen konnte! Ich hatte Macht!
Ich glaube mich zu erinnern, dass ich damals manchmal Züge von Arroganz gezeigt habe. Nicht böswillig oder das

Gegenüber abwertend gemeint, aber doch etwas übertrieben im Sinne von *Ich bin gut, ich kann etwas besonders gut, ich bin etwas Besonderes.*

Kein Kunststück, wenn man ständig bestätigt, beklatscht und betuttelt wird!

Ford 17 M

Knapp ein Jahr später hatten wir alle ein weiteres Instrument, mit dem wir glänzen und angeben konnten: Ein Auto!
Im Hinblick auf Mädels war so was gar nicht unwichtig, es gab nämlich mindestens drei Autokinos in Berlin zu dieser Zeit!
Ich machte bei Eis und Schnee in einem Käfer den Führerschein und besorgte mir über einen Gebrauchtwagenhändler einen alten Ford 17 mit Heckflossen. Die Heckflossen waren vermutlich dem Ford Fairlane aus den USA nachempfunden. Er hatte drei Gänge, Lenkradschaltung und eine durchgehende vordere Sitzbank. Ohne Lenkradschaltung und ohne vordere Sitzbank (für das Autokino!) wäre es viel komplizierter mit den Mädels geworden! Aber so...
Butschi war – wie ich – auch so einer, der sich aus der Masse der Lemminge abheben wollte. Er fuhr z.B. später mal einen knallgelben Opel GT.

Damals konnte man schon von weitem die Autos erkennen: Einen Opel Kapitän an seiner ganz eigenen Karosserie oder einen Ford „Badewanne" oder selbstverständlich einen VW „Käfer".

Das hat sich inzwischen geändert und ich kann mir vorstellen, warum die Umsätze bei einigen unserer ehemals berühmten Autofirmen zurückgehen: diese Wagen sind im täglichen Straßenverkehr nicht mehr in der Masse der PKWs auszumachen. Gleichmacherei allerorten – erzählen Sie mir nichts von strömungsgünstigen Windkanal-Karosserieformen! Es gibt nur wenige deutsche Autohersteller, die sich Individualität bewahrt haben und nicht über Umsatzeinbußen und Entlassungen klagen!

Neulich habe ich wieder mal einen Opel Rekord gesehen, und der war inmitten der großen Blechmasse sofort zu erkennen – schon von weitem, auch heute noch!

Aber ich merke schon, ich lenke ab!

Zurück nach Rendsburg!

Die Situation dort war für mich wie ein Traum. Wir wurden gefeiert, sehr gut bezahlt, konnten essen und trinken was und wie viel wir wollten und hatten die Mädels.

Herz, was willst du mehr!

Kein Vergleich zu den *Flying Stars* und dem Playmate!

Selbst unser Manager Kahli hatte da mal eine – na sagen wir mal, eine weibliche Begleitung. Obwohl er sich fast nur mit Rex Gildo-Typen umgab und wir nie so genau wussten, wie wir das deuten sollten. War er vielleicht schwul? Wäre bei uns kein Problem gewesen. Aber er sagte nie was und das war dann auch okay.

Auch bei Atze waren wir uns auch nie so ganz sicher. Er war im Hauptberuf Angestellter bei Heinz Oestergaard. Eigentlich damit prädestiniert für die Schwulenszene, aber er sagte nie was dazu und wurde andererseits auch mit Frauen gesehen. Obwohl - einmal haben wir ihn nachts in einem Hotelzimmer in München überrascht, als er auf dem Doppelbett mit irgendeiner Perle saß und Karten gespielt hat! Das hat die Gerüchteküche natürlich wieder mächtig angeheizt.

Wir waren Freunde, die gemeinsam Musik machten. Das war eine Bindung, die nicht unbedingt in allen Bands vorherrschte. Die Freundschaft stand im Vordergrund. Da hätte ein weitaus besserer Musiker als unsereins auftauchen können – er wäre nicht genommen worden. Wir waren uns unserer sicher.
Zu dieser Konstellation passte auf Dauer kein Joey H. Soundso. Wir spielten zum letzten Mal mit ihm auf einem Bandwettbewerb in der Neuen Welt (einer Konzerthalle am Hermannplatz in Neukölln) drei Tage lang, der von irgendeiner Zeitung veranstaltet worden war und wo wirklich massenweise Bands gegeneinander antraten.
Da spielten u.a. Drafi and The Magics, The Rollicks, The Rebel Guys und wir natürlich. Wir hatten uns noch rechtzeitig die Lurexjacketts von den Rebel Guys, mit denen wir befreundet waren, (Butschi studierte mit einem von ihnen zusammen Grafik und Design), geliehen, und Joey machte auf Jerry Lee Lewis und Chuck Berry...
Drafi habe ich mir noch angehört – er war auch hier wieder phänomenal! Gewonnen haben dann am nächsten Tag die Rollicks.

Da unsere Band auf Freundschaft beruhte und wir nun dringend einen Sänger brauchten, fiel mir ein, dass ich ein paar mal einen Thomas Goldmann mit einer Band im Wedding im Western Saloon gehört hatte, der ziemlich original Cliff Richard singen konnte und dazu noch Gitarre spielte. Auch persönlich hatte ich einen sehr angenehmen Eindruck von ihm.

Die Team Beats baten mich, Thommy mal zu fragen und vielleicht gleich auf Herz und Nieren zu testen, was ich auch bei mir – ich wohnte noch zu Hause bei Eltern und besagter Oma Ella – erledigte. Thommy gewann auch sofort die Sympathien aller Bandmitglieder.

Weil Thommy ganz gut Gitarre spielte und sich selber gut beim Singen begleiten konnte, andererseits Bassisten nie tiefer in die Freundschaftsdimensionen vorgedrungen waren, tauchte bald die Frage auf, ob wir nicht besser Atze als Bassisten einsetzen könnten. Atze selber war damit einverstanden und würde das schon schaffen.

Von diesem Tag an war die Band komplett. Ronald Ratzke wurde verabschiedet und wir übten mit Thommy am Gesang. Wir anderen, also Olaf, Atze und ich versuchten mehrstimmigen Gesang mit Thommy, und anfangs viel Backgroundgesang.

Das ging im Laufe der nächsten Monate und Jahre soweit, dass wir drei sogar als Hauptsänger eine ganz gute Figur machten.

Olaf, Thommy, Atze und ich wurden am Mikrofon immer sicherer und wir kramten interessante Stücke aus den Tiefen des amerikanischen Blues, wie *Do the Weston* von Sonny Boy Williamson oder Stücke von John Lee Hooker. Wobei Olafs (spätere) Orgel, sein Gesang und Mundharmonikaspiel dabei schon sehr nach Baumwollfeld klangen!

Alle – bis auf Butschi – konnten also singen und Gitarre oder Bass spielen und Olaf spielte Klavier und Mundharmonika.

Schuld war nur die saxofonklangähnliche Orgel

Apropos Klavier:
Eines Tages bekam Olaf eine – von uns so genannte saxofonklangähnliche Orgel, ein merkwürdiger Eigenbau, den auch Herr Schuder bestimmt hätte herstellen können.
Das Ding wurde zum Jugendheim Rathausstraße gebracht, in einem kleinen Nebenraum zu unserem Übungsraum aufgebaut und harrte nun seiner Einweihung.
Unglücklicherweise hatte unser Manager zur gleichen Zeit mit einem anderen vereinbart, dass der mit seiner Sängerin, die eine Band für ihre erste Platte suchte, zu uns kommen sollte, um mit ihr und uns das Stück einzustudieren. Die Sängerin hieß *Manuela* und das Stück war – wie wir uns später immer amüsierten – irgendwas mit *Bossa Nova* und *Schuld*.
Wir waren aber an diesem Tag nun mal viel mehr an dieser neuen Orgel interessiert, wie sie klang und was man mit ihr alles machen konnte. Und weil die Überei mit Manuela sich etwas zähflüssig entwickelte, wanderten die Team Beats nacheinander klammheimlich mal rüber in den Nachbarraum, um die Orgel zu bestaunen.
Da kriegten sich beide Manager in die Haare, und der mit seiner Manuela verschwand. Unser Manager war sauer auf

uns, aber wir hatten doch ein neues Kind in unserer Band: Die saxofonklangähnliche Orgel!
Viel später bekam Olaf eine richtige Orgel, eine Farfisa Compact.
Die Farfisa hatte eine Hallspirale mit der man durch Hin- und Herneigen der Orgel einen höllischen Krachsound hinbekam – so ungefähr muss sich das im getauchten U-Boot angehört haben, wenn beim torpedierten gegnerischen Frachter die Schotten brachen.
Mit diesem Soundeffekt konnten wir das Stück *Totenschiff* (*Enchanted Sea*) spielen, das wir schon oft von den *Boots* gehört und genossen hatten. Ein schönes, melancholisches Stück, manchmal unterbrochen durch brechende Schotten.

Sterbendes Schwein vom Dreier

Einmal hatten wir einen Auftritt als Special Guests im Titania-Palast in Steglitz zu den Brigittentagen von der Frauenzeitschrift *Brigitte veranstaltet* noch in den Anfangstagen, als dem Durchschnittsbürger West-Berlins die Beatmusik und vor allem ihre langhaarigen Vertreter noch sehr suspekt waren.
Was sich da inhaltlich abspielte kann ich heute nicht mehr sagen, aber unten vor der Bühne war so was wie ein riesiger Kinosaal mit vielen Reihen brechend voller Kinositze. Alles Hausfrauen. An Männer im Publikum kann ich mich gar nicht erinnern.
Und da spielte die Hausband Hans Karbe und seine Solisten und wir sollten als Überraschungs-Showact zwischendurch vorgeführt werden. O-Ton: *„Wir zeigen Ihnen jetzt mal eine*

typische Beat Band!" Die damals durchaus manchmal hinzugefügte Bemerkung *„Die Haare sind aber gewaschen und die Jungs sind auch ganz nett!"* verkniff sich der Conférencier.

Vorher, während der Generalprobe, hatte das Bühnenfactotum Kreuze auf den Bühnenboden gemalt, um festzulegen, wer von uns nun wo zu stehen hatte und wo Verstärker und Schlagzeug sich gefälligst zu befinden hatten. Die Mikrofone standen weit vorne an der Reling zum Publikum. Unser Manager wollte noch die genaue Position des Schlagzeugs markieren, nahm sich den Farbeimer und wollte groß und deutlich *Butschi* hinschreiben, aber nee, der knorrige Bühnenmeister entriss ihm Farbtopf und Pinsel.

„Kreuze reichen!"

Diese offenbar schon langjährig mit der Materie Beschäftigten wie dieser Bühnenarbeiter – oder noch schlimmer später die Toningenieure in den Plattenstudios, ließen ihren täglichen Routinejob nach Schema F ablaufen wie immer schon, ob sich die Bedingungen geändert hatten, oder nicht.

Eine echte Beat Band mit so einem Schlagzeug wie Butschis hatte er wohl noch nie erlebt, aber das wurde in seinen Alltagstrott einfach eingebaut, basta!

Geplant war folgender Ablauf: Nachdem der Conférencier draußen vor dem Vorhang die Veranstaltung umfangreich angekündigt und den Hausfrauen erklärt hatte, was da nun auf sie zukommt, sollte Butschi schon mit dem Schlagzeug anfangen, dann sollten wir mit den Gitarren, Bass und Orgel einsetzen, und wenn der Vorhang aufging, sollten wir drei vorne mit unseren Gitarren an die Reling und die drei Mikrofone rennen und anfangen zu singen – Route 66 oder sowas in der Richtung – also ein Überraschungsangriff auf die Hausfrauen da unten.

Gesagt, getan, Butschi trommelte los, wir griffen in die Klampfen und rannten durch den gerade in der Mitte des Vorhangs aufgehenden Spalt als Dreierreihe an die Reling und fingen an zu singen und plötzlich war kein Schlagzeug mehr zu hören!

Da hatte der riesige, schwere Vorhang beim Zusammenräufeln immer größere und weitere Schlaufen geschlagen und das Schlagzeug mit Wucht in die Garderobe gefegt!

Butschi konnte noch in letzter Sekunde Snare und Hihat festhalten, mit denen er das Stück irgendwie über die Runden brachte.

Tosender Beifall!

Heimlich hatte auch meine Mutter eine Karte gekauft und saß im Publikum, und alle haben gedacht, dass das zu unserer Show gehörte!

Dieser entsetzliche Moment vorne an der Reling, wenn alles drauf ankam und dann etwas Wichtiges schief ging, das war das *Sterbende Schwein vom Dreier*! Der Begriff stammte aus früheren Tagen aus dem Sommerbad Mariendorf, wo wir durch kunstvolle Sprünge vom Dreimeterbrett vor den Mädchen brillieren wollten, was aber nicht immer gelang. Immer wenn man mal abrutschte oder die Figur irgendwie abartig zu entgleiten drohte, ergab sich ein Sterbendes Schwein statt ein eleganter Sterbender Schwan.

Das war fortan Synonym für peinliche Pannen, die man auch nicht mehr kaschieren oder gar ungeschehen machen konnte.

An eine, die nur mich betraf, kann ich mich noch deutlich erinnern, und ich weiß bis heute nicht, ob das eine unbeabsichtigte Panne gewesen ist, oder ob die Rest-Band da hinter mir absichtlich.......

Wir standen inmitten eines Konzertes wieder mal an drei weit auseinander aufgebauten Stativen mit Mikrofonen und wollten aus voller Kehle ein dreistimmiges Lied hören lassen. Welches, weiß ich nicht mehr, aber mein ungutes Gefühl suggeriert mir zurückschauend, dass es ein sehr gefühlvolles Stück in der Art wie *All I Have To Do Is Dream* von den Everly Brothers gewesen sein könnte.
Ich sang nicht die Hauptstimme, sondern vielleicht die Terz.
Dann ging es los und Butschi zählte das Stück ein, und punktgenau auf der Eins war NUR ICH DA! Alle anderen haben gar nicht mitgespielt, gesungen, rein garnichts!
Singen Sie mal als einziger nur die Terz aus voller Kehle! Das hört sich schon von Hause aus komisch an, wenn man das Stück im Original kennt, ob das nun richtig gesungen war, oder nicht.
Ich habe selten so einen peinlichen Moment im Leben erlebt, ich schwöre es!

Nun ja...
Irgendwie bin ich aus dieser peinlichen Situation wieder herausgekommen.

Diese souveräne Improvisationsgabe und ein gehöriges Maß an Kreativität zeichneten damals nicht wenige aus, nicht nur unter den Musikern, wenn ich allein daran denke, wie die Kasse der Neuen Welt manchmal knapp hundert Karten verkauft hatte, aber der Saal schon fast gerammelt voll war.

Fast ein Jahrzehnt hat die Methode mit den großen Vorhängen innen vor den Seitenfenstern geklappt, wo einer mit Eintrittskarte von innen zwischen Vorhang und Fenster die Hebel umdrehte und nach und nach andere Leute hinter den Vorhängen hervor kamen.
Aber so was gehörte zu den notwendigen Vorübungen für den späteren Einsatz bei den Stones in der Waldbühne.

Das Sofa in der Garderobe

Mein Aha-Erlebnis damals im Zeltlager Dikjen Deel auf Sylt fing langsam an, sich zu amortisieren!
Wir spielten mal im Casaleon in der Hasenheide, einen ganzen Monat lang. Das machten wir selten, ersparte aber das ständiges Auf- und Abbauen und Schleppen der Anlage. Daher konnte man sich in dieser Zeit mehr um die Mädels kümmern.
Das Casaleon war schon deswegen für Groupies höchst interessant, weil gleich hinter der Bühne eine Treppe nach oben in den ersten Stock führte, wo die Garderobe mit einem Sofa war!
In allen Pausen waren Bandmitglieder gegenüber den sonstigen Gepflogenheiten nicht mehr in der Kneipe oder am Tresen zu sehen, sondern testeten die Haltbarkeit des Garderobensofas mit diversen, offenbar auch am Testergebnis höchst interessierten Damen aus dem Publikum.
Inzwischen waren die Mädels immer leichter zu haben, und ich kann mich daran erinnern, dass ich das in diesem Casaleon übertrieben habe!

An einem Wochenende kamen nämlich eines Abends mehrere Groupies gleichzeitig, mit denen ich mich an den Tagen vorher eingelassen hatte. Die wussten zum Glück nichts voneinander! Leider warteten sie dann aber alle miteinander auf die Pause, um mich in die Arme zu schließen.
Was macht man da???
Das war ja nun exakt die Situation, die mich damals auf Sylt zur Gitarre gebracht hatte – jetzt standen alle Mädels um *mich* herum!
Ich war feige! Ich verbrachte die ganze Pause auf der Bühne und tat so, als müsste ich dringend neue Saiten aufziehen.
Die Damen merkten natürlich, dass da was nicht stimmte. Und nach und nach löste sich das Häufchen auf. Zwei gingen, zwei heulten und eine blieb standhaft.
Unangenehm so eine Situation! Ich musste zukünftig vorsichtiger damit umgehen!

Ständig wechselnde Gigs machten wir im Seeschloss Hermsdorf, im Sportkasino Tiefwerder, im Dorfkrug Lichtenrade und in den verschiedenen Senatsjugendheimen Zillestraße, Dachluke etc.
In Tiefwerder hatten wir es mit einem Wirt zu tun, unter Musikern „Räuberchen" genannt), der immer nach einem Gig versuchte, den Musikern die Gage durchs Pokern wieder abzuluchsen. Er ist wohl auch schon mal einfach so mit der Abendkasse abgehauen.
Aber wir drehten dort auf der Bühne unseren ersten Fernsehspot für die ZDF-Drehscheibe, der jetzt noch bei YouTube zu sehen ist. Das hieß, für uns ungewohnt und neu, dass wir das Stück, das wir gerade als Single draußen hatten und das insgesamt wohl 3 Minuten lang war, über eine Stunde lang spielen mussten. Wir mussten nur so tun, als ob wir spielten,

und die würden dann später das Stück drunterschneiden. Naja..
Also über eine Stunde Pantomime mit Gitarre.... zur Musik aus dem Off.
Irgendwann machte ich Zupfbewegungen der verrenkteren Art, die man normalerweise nicht zum Gitarrespielen verwenden kann – und genau DIE haben sie nachher im Fernsehspot verwendet! Und dann auch noch asynchron druntergelegt!
Leider ist das die einzige Filmaufzeichnung von uns aus der damaligen Zeit (https://www.youtube.com/watch?v=7u9NcvN1AVM).

Im Seeschloss Hermsdorf tauchte mal eine Dame hinter den Vorhängen der Bühne auf und wollte unbedingt von mir befriedigt werden. Ich war „gnädig" und tat uns beiden den Gefallen. Aber während wir so richtig im Stehen zugange waren, und sie an mir herummachte und ich an ihr herummachte und wir beide aneinander herummachten oben und unten am Korpus, und inzwischen nicht mehr mit Wandergriffen, sondern richtig mit Barré, wo man ja den ganzen Finger... (Sie erinnern sich?), musste ich mir vom vorbeikommenden Thommy anhören „Du Schwein!" – Thommy war nämlich verheiratet mit seiner Ingrid und musste wohl so reagieren. Außerdem hörte ich hinter einem anderen Vorhang: *„Ja ja, wenn so ein Siebzehnjähriger...!"*
Wir haben Thommy nie mit einer anderen Frau gesehen, obwohl er Butschi später mal gestanden haben soll, dass da doch was mit irgendeinem Groupie heimlich auf einem Dachboden war.

Wir spielten öfter mal Support-Act für andere Bands, z.B. für die Yardbirds, damals gerade mit Jeff Beck in München im

Big Apple. Die waren nicht schlecht, aber Jeff Beck war mit seinen zwei AC 30 in Stereo und seiner Telecaster noch nicht so überwältigend.

Yardbirds auf unserer Anlage in München

Jeff Beck mit Telecaster und zwei AC 30 links und rechts

Duckwalkin' on his knees

Zum Stichwort Lampenfieber: In größeren Hallen war es auch wesentlich größer und wir spielten zum ersten Mal in der Berliner Deutschlandhalle vor zigtausend Leuten: Der Support für Gene Vincent und Chuck Berry.
Gene Vincent stand da unmittelbar nach seinem Autounfall mit Eddie Cochran, bei dem letzterer gestorben war, und hatte eine komplette Metallschiene an einem Bein. Er konnte sich am Stativ kaum bewegen und ich hatte den Eindruck, dass er ziemliche Schmerzen hatte...
Chuck Berry hingegen war ganz auf der Höhe! Es kursierte bei ihm dieses Gerücht, dass er nur das Flugzeug verließ, wenn ihm noch auf dem Flughafen an der Gangway 30000 D-Mark und eine Nutte präsentiert wurde.
Er war für mich immer Rock'n'Roll pur und das betraf Gesang, Texte und Gitarre. Ich bewunderte auch Elvis, Eddie Cochran, Little Richard und noch ein paar andere, aber keiner ging mir dauerhaft so unter die Haut wie er.
Jahrzehnte wurden durch seine Art, Gitarre zu spielen, geprägt.
Die Geschichten, die er mit seinen Songs erzählte, waren anders als die, die wir sonst in Rock'n'Roll-Stücken zu hören bekamen. Alleine die für unser Schulenglisch ungewöhnlichen Wörter, die er verwendete – *no particular place to go, workin' on the railroad with a steel drivin' hammer. New Jersey turnpike in the wee wee hours...etc.*
Schon *she **don't** love me* wäre bei unserem Englischlehrer nicht durchgekommen!

Und dann die zahlreichen Autotypen in seinen Songs, von denen wir nur eine ganz ungefähre Ahnung hatten – Coupe de Ville, V-8 Ford, T-Bird.
Das entscheidende Chuck Berry-Gitarrenspiel waren nicht seine Intros – von denen er manche mehrmals bei verschiedenen Stücken einsetzte – das prägende Spiel war das, das er auf den Bass-Saiten – sein treibender Rhythmus.

Werner Krabbe hat mir bis zu seinem Ableben versucht zu zeigen, dass er herausgefunden hatte, was Chuck Berry da macht. Aber ich spielte da etwas anders und mit der gleichen Überzeugung, exakt Chuck Berry zu kopieren.
Im Star-Club Hamburg spielten in der sechziger Jahren fast alle auf ihren Gitarren das Chuck Berry-Prinzip, auch wenn es nicht ein Stück von ihm war.
Und dann sein rufender, meckernder Erzählgesang! Jahrelang habe ich versucht, das so hinzukriegen! Der einzige den ich kenne, der das ziemlich gut gemacht hat, ist Dave Edmunds.

Fast alle, die in den sechziger Jahren Rock-Musik gemacht haben, haben Chuck Berry gespielt. Die Beatles haben viele Stücke von ihm gespielt. John Lennon sagte später mal in einer Fernsehsendung, zu der auch Chuck Berry eingeladen war, als dieser die Bühne betrat: „Here comes my Hero!"
Die Rolling Stones spielten ebenfalls viele Stücke von ihm auf ihre ganz eigene Art und ihre erste Single war dann auch ein Cover von Chuck Berrys *Come On*. Die Bewunderung für Chuck ging sogar soweit, dass Keith Richard später einen Film über sein altes Idol drehte (*Hail Hail, Rock'n'Roll*).
Chuck Berry ist für mich Vorbild und Gesamtkunstwerk.

Dazu gehört auch seine Bühnenshow die er zeigte, als er noch körperlich fit genug war. Er beschreibt sie am besten selbst mit

„*...duckwalkin' on his knees, peckin' like a hen, lookin' like a lokomotive here he comes again*".

Bei einer dieser Verrenkungen in der Deutschlandhalle ist er mal auf sein Gitarrenkabel gelatscht und hat den Klinkenstecker abgerissen, worauf er zu mir kam:

„*Hold that guitar, man!*"

Ich durfte seine legendäre Gibson halten, während er den Stecker aus der Buchse zog und sich wie selbstverständlich mein Klinkenkabel schnappte und wieder nach vorne auf die Bühne stürmte.

Chuck Berry

Mein Kabel schuldet er mir heute immer noch, aber naja – Schwamm drüber!

Rote SG im Star-Club Hamburg

Beim Stichwort Gibson-Gitarre fällt mir sofort der Star-Club Hamburg ein.
Als ich zum ersten Mal dort in die Dunkelheit des überfüllten Ladens abtauchte, sah ich eine Band auf der Bühne, wie ich sie nicht gehört, geschweige denn gesehen hatte – die Phantom Brothers aus Rendsburg! Einer von denen hatte die längsten Haare, die ich bis dahin bei Männern gesehen hatte. Bis zum Gürtel!
Aber zwei andere Eindrücke von den Phantom Brothers beeindrucken mich noch heute viel mehr!
Sie spielten zwei Stücke, die brandneu auf dem Musikmarkt waren, und sie spielten sie für meine Begriffe original – als seien die Stücke von ihnen. Eins war aber von den Beatles *„It won't be long"* und das andere war von Chuck Berry *„Carol"*.
Ich dachte wirklich, ich höre nicht richtig!

Dazu kam dann noch Eindruck Nummer zwei:
Die Dreierreihe vorne hatte identische Gitarren und einen Bass in weinrot von Gibson, die ich dort auch zum ersten Mal im Leben gesehen hatte – die Gibson SG.
Diese Gitarren hatten einen deutlich anderen Sound als die Fender.

Gibson SG (leicht verändert)

Die Phantom Brothers im Star-Club Hamburg
(Bild: Sammlung *Ulf Krüger)*

So eine Gitarre wollte ich auch haben. Das Thema Fender relativierte sich für mich, glaube ich, an diesem Tag.

Von nun an schwankte ich immer wieder mal mit meiner Vorliebe für Single-Coil-Pickups (Fender) und Humbucker (Gibson).

Der Sound beider Pickup-Typen ist auch dermaßen verschieden, dass es letztendlich eine Geschmacksfrage ist, wer welche Pickups bevorzugt.

Mehrere SGs habe ich in meiner Laufbahn besessen und gespielt.

Die SG ist für mich nach wie vor ein Phänomen! Sie ist extrem leicht mit einem ziemlich flachen Hals und breitem Griffbrett, nicht wie bei der Strat gewölbt, sondern flach, was die Spielbarkeit dieser Gitarre enorm positiv beeinflusst. Wenn ich vom monatelangen Strat-Single-Coil-Sound mal wieder die Nase voll habe und was ganz anderes brauche, greife ich zur SG!

Es wundert mich nicht, dass viele Gitarristen fast ausschließlich SG spielen (Frank Marino, Angus Young, anfangs Frank Zappa).

Was mich aber wundert ist, dass diese Gitarre anfangs von Les Paul abgelehnt worden sein soll, weil er meinte, man könnte sich an den spitzen Hörnern zu leicht verletzen.

Im Vergleich zu den Les Paul-Gitarren war die SG unschlagbar leicht! Ich hatte z.B. mal eine Les Paul Artisan und musste feststellen, dass ich nach jedem Gig mit dieser Les Paul eigentlich einen Chiropraktiker gebraucht hätte!

Ihr Gewicht war heftig!

Mit meiner ersten SG und im Hintergrund ein Vox AC 50

Manfred Weißleder hatte mit unserem Manager verhandelt, dass wir nun auch im Star-Club spielen sollten – in diesem geschichtsträchtigen Club! Das lief so lala. Man war hier entweder ein Engländer oder ein Niemand! Es sei denn einheimisch (Rattles, Phantom Brothers).

Ich weiß noch, dass wir in der Garderobe fast mit Lee Curtis in eine Schlägerei verwickelt worden wären, weil wir uns so über sein Haarwaschritual amüsiert hatten und wie er vorm Spiegel seine Tolle legte.

Aber Petis Schlagzeugsolo wurde auch hier mit Respekt und tosendem Beifall belohnt – dagegen waren die englischen Trommler mehr oder weniger Nieten.

Wir waren eben als West-Berliner Beat Bands in Deutschland die Waisenknaben im Vergleich zu denen in Westdeutschland (mit ein paar Ausnahmen wie Boots, Hound Dogs etc.). Die englischen Vorbilder fuhren nur ungern zu uns durch die Ostzone und Flüge schraubten die Gagen gleich wieder in die Höhe, so dass Anfang der sechziger Jahre bekannte Bands hier selten erschienen.

Der sozialistische Sackstaat

Der Artikel 1, Absatz 1 Grundgesetz hieß für uns damals:
Die Würde des Menschen ist unantastbar, es sei denn, er fährt über die Transitstrecke durch die DDR.
Man musste sich untertänigst verhalten. Das fing schon bei der Angabe des Fahrtziels an – Helmstedt gab es bei den Vopos nicht, man musste Marienborn sagen, was wir nun wieder nicht kannten.

Und wenn man als Band durch die Zone fuhr, hatte man ohnehin ganz schlechte Karten!
Wir fuhren öfter mal, wenn es gar nicht anders ging, mit unserem Blauen Pfeil, einem VW-Bus mit „Fahrerchen", über die Transitstrecke. Wenn wir gut stapelten, ging unsere komplette Anlage soeben rein in den Bus. Wenn aber noch die Bandmitglieder mit Fahrer und Manager mitfuhren, wurde die Fahrt zu einer Tortur, die wir nur mit Rauchen, Kiffen oder Saufen einigermaßen überstanden. Hielten wir dann mal irgendwo an, um unsere grünen Gesichter zu lüften, und die Seitentür öffneten, entwich erstmal eine bläuliche Dunstglocke nach außen....

Die Vopos hatten natürlich was gegen West-Berliner Beat Bands, ganz besonders gegen die langhaarigen!
„Wenn Se sich nich die Haare schneiden lassen, gönnse des nächste Mal fliejen!"
Aber ein dummer Spruch von uns, und wir wären stundenlang gefilzt worden, was sowieso regelmäßig vorkam. Dann mussten wir alles ausladen und sogar die Lautsprecherverkleidungen und die Verstärkerrückwände abschrauben – man hätte ja darin irgendwelche Sachen oder Personen schmuggeln können.
Besonders risikoreich war so eine Transitfahrt mit einem besoffenen oder zumindest angeheiterten Beifahrer, was ja unter Musikern damals eher selten passiert sein soll. Oder täusche ich mich?
Ich erinnere mich noch genau an eine Fahrt mit Kurt-Peter Müller, dem Schlagzeuger der Allies (auch Schlangen-Müller genannt, weil er zu Hause Pythons hielt – nicht zu verwechseln mit Indianer-Müller, dem späteren Trommler der Allies, der immer auf Indianer machte!)

Als der Vopo am rechten Fenster *„Papiere bittääh!"* schnarrte musste Müller ja unbedingt **„Ihr mit eurem sozialistischen Sackstaat!"** zurückmeckern!

„Fahrnse bitte mal rechts ran!!!"

Müller wurde in einer Baracke gefilzt und verhört – eine Stunde Wartezeit!
Eine Bekannte von Gary Cowtan, dem Bassist der Shamrocks damals, wusste mal nichts besseres zu sagen als *„Was will denn der Penner überhaupt von uns!!??"* – als ein Vopo routinemäßig mit dem Spiegel unter unserem Bus herumfummelte.

„Hamse was jesacht!!!?"

Ich mit hochrotem Kopf: *„Nee, Sie waren damit jetzt nicht gemeint!"*
Er ließ sich beschwichtigen...

Verständlich, dass englische Bands sich diesen Anmaßungen nicht so gerne aussetzen wollten.

The Shamrocks

Deshalb war es für uns West-Berliner immer ein besonderes Ereignis, wenn es dann doch mal eines unserer großen Idole hierher geschafft hatte.
An einen dieser ersten wunderbaren Eindrücke, beim Auftritt einer dieser sehnlichst erwünschten Bands, kann ich mich deshalb noch gut erinnern!

The Searchers

Trini Lopez war gerade mit irgendwelchen Mitsinge-Stücken (*If I Had A Hammer* etc.) in den Hitparaden und graste nun die Welt mit seinen Auftritten ab. *Gut!*

So was zählte nun nicht zu unseren Interessen, aber die Deutschlandhalle war trotzdem brechend voll – als Vorgruppe kamen nämlich die Searchers!

Endlich mal!

Eine englische Beat Band!

Aus Liverpool!!

Sie standen da in lupenreinen, stahlblauen Anzügen und spielten das originalgetreu nach, was wir von ihnen aus dem Radio oder von ihren Platten kannten (*Sweets For My Sweet* etc.). Hier war mal der Bassist der Sänger! Als der später die Band verlassen hatte, klangen sie nie wieder so schön! Aber immerhin waren die Searchers eine Band, die live genauso spielte, wie auf Platte!
Da haben wir später manchmal gaaanz andere Beispiele gehört!
Ihr Schlagzeuger hatte als erster in Berlin auftauchender Musiker lange Haare, die wir bis dahin nur von Fotos in der Bravo kannten. Und er setzte sie auch zielgerichtet ein! Bei jedem Break schüttelte er die Haarpracht zum lauten Johlen der kompletten Deutschlandhalle.
Als Trini Lopez nachher kam, war die Halle halbleer. Ich habe mir nur ein Weilchen seine schwarzrote Gibson angeschaut, die dermaßen dick war, dass ich mich fragte, wie man sich so ein Ungetüm vor den Bauch hängen kann, und dann war auch ich draußen.

Haare ab, oder du fliegst hier raus!

Lange Haare trugen in Berlin zum ersten Mal öffentlich die *Boots* und die *Hound Dogs*. Alles andere vorher waren Haare über den Ohren oder Pilzköpfe, mehr nicht.
Als ich die zum ersten Mal sah, im Jugendheim Lessinghöhe, stockte selbst mir der Atem! Ein Anblick so unterschiedlich wie zwischen den Beatles und den Pretty Things.
Das brach aber wie auf ein Kommando den Bann der braveren Frisuren in Berlin – nicht nur unter den Musikern!

Und wie sich die Esskastanie im Lankwitzer Bäkepark nach Klauzügen vieler Schülerpopulationen mit ihrer Krone gen Erdboden gekrümmt hatte und nicht über Nacht wieder gerade stehen konnte, wollten meine frischgewaschenen Haare über der Stirn leider nicht ponygemäß vornüber fallen, sondern beharrten auf der rückwärts gebeugten Tollenform mit Ente.

Immerhin, die Seiten- und die Entenhaare waren länger, als ich sie vorher empfunden hatte, so völlig ohne Gleitsubstanz Brisk, und das oberste Zwanzigstel der Ohren fand sich sogar schon etwas bedeckt, und wenn ich mich nur vorsichtig bewegte, blieb es auch so, es sei denn ich ging bei Rückenwind über den Zebrastreifen, was ein paar Jahre später sowieso kaum noch ohne eigene Gefährdung möglich war, genauso wenig wie die Fahrten mit der Straßenbahn E 47 und den Kommentaren der Feierabend-Bauarbeiter: *„Rübe ab!"*, *„Ihr Penner!"*, *„Bei Adolf hätt`s dit nich jejehm!"* bis hin zu

Prügelandrohung. Das waren gefährliche Zeiten, in denen man lieber zu mehreren unterwegs war.

Dennoch, der erste lange prüfende Spiegelabschlussblick bei verrammelter Badezimmertür ließ mein Gefühlsallerlei hin und her schwanken, wie Gelee bei Erdbeben, wie Tick, Trick und Track das damals ausgedrückt hätten.

Heimliche Verlegenheit.

Aber das hatten wir ja alle schon von Anfang an lernen müssen, dass man Gefühle, wenn sie schon mal aufbrachen, allenfalls hinter der Badezimmertür und nur sich selber zeigen durfte.
Was wäre, wenn man die Tür eines Tages sperrangelweit öffnete und `raustrat, mit allen neuen Gefühlen über den Ohren, über der oberen Hälfte mittlerweile, und überredeter Tolle andersherum?

Es war die Katastrophe!

Die eigenen Noch-Unsicherheiten und Zweifelsschwankungen wurden nicht liebevoll von den Eltern in die Arme genommen und moralisch gestreichelt.
Ich erinnere mich noch an die beißende Alternative meines Opas, der als Unterstützung angefordert worden war, weil meine Mutter damals meinte, sie würde mit mir nicht mehr fertig: *„Haare ab, oder du fliegst hier raus!"*
Jahre später, nach dem ersten Fernsehauftritt, änderte sich das auf wundersame Weise um 180 Grad – *„Der Junge wird das schon machen."*

Alternativen, hatten wir im Deutschunterricht bei Lehrer Hänsch gelernt, beinhalten immer noch die Möglichkeit der Wahl, aber das hier war eher so wie mit Hagen von Tronje, mit dem Kahn des Fährmannes, *Tragik* schrieben wir alle in unsere Ordner.

Tragikkomisch auch die folgende Zeit mit Alltagsscheitel und Wochenendsgefühlen über den Ohren, und diejenigen, die ihre Eltern rumgekriegt hatten, hatten immer noch die Rübe - ab - Feierabend - Fahrgäste in der E 47 vor sich.
Jeder entwickelte damals seine dem jeweiligen Biotop angepasste Überlebensnische aus, und Atze, unser Bassist z.B., rasierte seinen Tournee-Bart immer am letzten Tag vor der Rückfahrt nach Berlin und dem Wiedersehen mit Mami und Papi auf dem Nagelbrett unserer vielsagenden Blicke wieder ab.

Matte und hunderter Schlag

Zu all den Haaren und Hemden gehörte natürlich noch der Unterkörper mit seinen Signalwirkungen. Dafür war Papa Graul zuständig, Rentner aus der Kirchhofstraße in Neukölln, weil Brenninkmeier damals gerade mal bis zur Haute Couture eines Rex Gildo gekommen war. Papa Graul hatte eine typische Neuköllner Altbau-erster-Stock-Wohnung mit Wellensittichzucht und nur noch ein Auge, aber er nähte und fummelte für uns und war für jede noch so absonderliche Geschmacksakrobatik zu haben, manchmal mit listig zweifelndem Blick seines Auges.

Bei Hosen-Kohnen in der Hermannstraße gab es nur bis sechziger Schläge. Angesagt war aber der hunderter Schlag, und vom Knie an aufwärts quetschend eng mit Taschen und Doppelfaden bei der Knopflochverarbeitung, aus schottischem Kammgarn-Mohair mit englischer Webkante, oder einfach aus Cord. Diesen Hosen konnte man trauen, und ich ließ mir das immer wieder von allen Schaufenstern der Karl-Marx-Straße zuflüstern.

Es fing damit jene Zeit an, in der man geradeaus ging mit dem Kopf nach rechts gedreht, es sei denn, die Schaufenster waren auf der linken Seite.

Darauf folgend trug man praktisch zwei Röcke vom Knie an abwärts. *Status Quo* haben es dann in der Deutschlandhalle damit zum Exzess getrieben, die Engländer waren leider fast immer ein Stück weiter als wir.

Schnee und Matsch haben unserem Hosenstolz untenherum leider geschadet und man konnte das eigentlich nur durch höhere Absätze ausgleichen.

In den Zeitungen hatten die Engländer alle merkwürdige sogenannte Boots, hinten hoch und vorne nicht, und P.J.Proby, dessen Hosen immer auf der Bühne platzten, weil die Engländer eben keinen Papa Graul hatten, trug Tom Shoes mit Silberschnalle und so. Die sahen ganz abgefahren aus!

Anfangs kamen wir an dieses Outfit nur, wenn mal einer in Hamburg oder in England gewesen war.

Danny von den Hound Dogs hatte ein Paar Tom Shoes, die ihm nicht passten, und er verkaufte sie mir.

Die Engländer haben vermutlich diese Dinger auf den Bühnen getragen, weil sie im Durchschnitt wesentlich kleiner als wir waren (siehe weiter unten), aber zur Musik gehörten für uns eben Boots, Hosen mit Schlag und als Frisur „lange Matte", und je mehr, desto wirksamer.

Da hatte ich damals also wirklich die Wunschfrisur, Hosen mit hunderter Schlag und Boots mit 10 cm Absatz, nicht versteckt hinter der Badezimmertür. Dazu gehörten dann noch, da durfte man wählen, Pulli oder Hemd und die schwarze Weste von Opa, dem inzwischen seine erfolglosen Disziplinierungs-Annäherungen in Mitleid übergegangen waren, und ich musste zum zweiten Mal das Laufen lernen.
Eines dieser legendären Beinkleider habe ich heimlich aufgehoben, man glaubt es nämlich nicht, wenn man es nicht gesehen hat!
Die Schuhmode der Boots tauchte ja meines Wissens zuerst bei den englischen Bands auf und gehörte damit zwingend zum erwünschten Erscheinungsbild eines jeden Beatmusikers zu dieser Zeit. Boots waren so erforderlich wie Matte.
Erst viel später ist mir der Auslöser dieser Mode klar geworden:
Die meisten englischen Beatmusiker waren gemessen an uns an ganzes Stück körperlich kleiner. Man kannte ihren Anblick zunächst nur aus der Presse und da fehlte der Maßstab. Als ich später mal neben Bill Wyman stand, fiel es mir aber wie Schuppen von den Augen: sie wollten größer wirken als sie waren. Deshalb diese Torero-Absätze.
Unsereiner wirkte mit 11 cm Absätzen zusätzlich zu den 188 cm Körpergröße schon riesig.

Boots und Hound Dogs

Der ungewohnte Anblick der Matte mit der etwas frecheren Art, die bekannten Stücke nachzuspielen, machten zusammen mit den Typen der Boots und der Hound Dogs auf der Bühne deren Charisma aus.

Die Hound Dogs hatten in Spandau und Umgebung ihr Revier, die Boots mehr im Seeschloss Hermsdorf und vor allem im Top Ten in Rudow.

Dahin pilgerten dann auch immer mehr Leute, auch ich.

Man kam allerdings nur mit der Straßenbahn E 47 hin, und wenn es zu den Boots ging, waren die Feierabend-Bauarbeiter klar in der Minderheit und riskierten auch nicht die geringste Klappe. Aber man konnte ihnen förmlich ansehen, was sich da in ihrem Inneren abspielte.

Trotz aller Tendenz zur Avantgarde – auch die Boots waren eine Nachspielband! Allerdings orientierten sie sich mehr an englischen und irischen Bands und deren Nachspielrichtung mit bei uns hier teilweise noch unbekannten Stücken (*Remember, Enchanted Sea* etc.).

Werner Krabbe und Jörg „Jockel" Schulte-Eckel waren bei den Boots die Hauptprotagonisten, obwohl sie ohne Heinz, Bob und Ulli nicht die Band gewesen wären, die sie waren!

Das war nicht mehr der alte Rock'n'Roll und auch nicht mehr Beat – sie spielten R'n'B. Vorbild war oft Van Morrison in seinen frühen Tagen mit seiner Band *Them*.

Die Boots kamen sogar soweit, dass sie von einigen Berliner Bands kopiert wurden!

Bis kurz vor Werners Tod im Jahre 2013 habe ich immer wieder mal mit ihm zusammen Musik gemacht, bis er dann nicht mehr wollte, weil er das Gefühl hatte, dass er nicht mehr konnte.......

Seine alte SG halte ich bei mir noch in Ehren (siehe Seite 93).

Werner Krabbe von den Boots

The Boots

The Boots: Heinz, Werner, Ulli

The Boots im Top Ten in Rudow

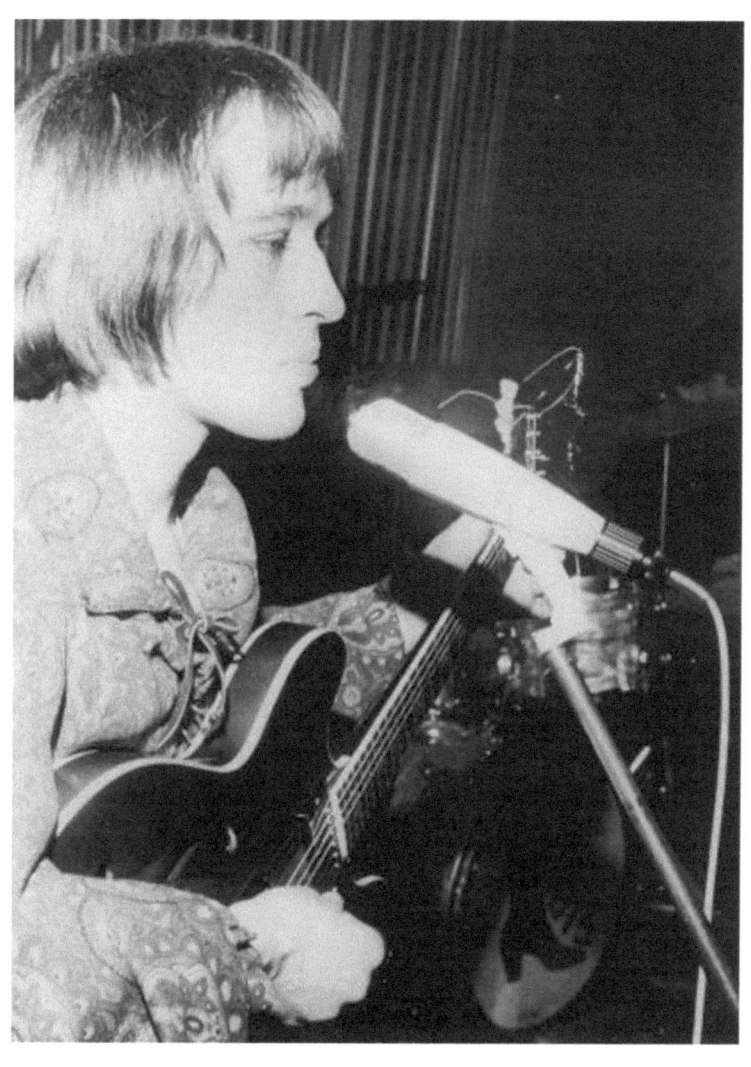

Jörg Schulte-Eckel „Jockel" (The Boots)

Danny Wall (Hound Dogs)

Werner Krabbe

Das Auge isst mit

Als Support-Act haben wir mal vor den *Pretty Things* in der Neuen Welt gespielt und ich habe mich die ganze Zeit geärgert, weil ich nicht die *Who* sehen und hören konnte, die genau zur gleichen Zeit im Sportpalast spielten!
Aber der Schlagzeuger der Pretty Things war schon ein Unikum! Er spielte sein Schlagzeug-Solo über den kompletten Bühnenboden und alle Wände und es war gut! Auf Schau zwar, aber es war gut!
Aber ein Rad ab hatte der bestimmt!

Trotzdem hätte ich gerne Keith Moon gesehen und vor allem Pete Townsend, der für mich bis heute DER Rhythmusgitarrist per se ist! Neben seinen tollen Kompositionen!
Wir fanden die so toll, dass wir ein paar ihrer Stücke lupenrein mehrstimmig (!) in unserem festen Programm hatten (*Happy Jack, The Kids Are Alright* etc.). Diese Liveaufnahmen von uns klingen heute noch ziemlich gut!

Apropos Rad ab!
Aus von mir in meiner Erinnerung nicht mehr abrufbaren Gründen habe ich mal eine zeitlang im Musikhaus am Zoo gearbeitet, bei Otto Simonowsky. Ja, genau in dem Laden, den wir Jahre zuvor an unserem Wandertag so bewundert hatten wegen seiner Höfner Stratnachbauten. Ich denke, dass ich eventuell in den Ferien Zeit dafür gehabt haben könnte.

Na, jedenfalls war ich hinten zuständig für den Gitarrenverkauf – wofür auch sonst! Erhard Fechner, der später seinen eigenen Musikinstrumentenladen am Hohenzollerndamm hatte, arbeitete derweil als Lötefix im Nebenraum.

Was gibt es Schöneres für einen Gitarristen, als in der Gitarrenabteilung eines Musikinstrumentenladens zu arbeiten!

Da kam eines Tages der Rhythmusgitarrist einer berühmten Berliner Band mit seinem ganzen Hofstaat hereingeschneit und ließ sich nur kurz zu den Gitarren beraten. Dann stellten sie einen großen Spiegel in eine Ecke und der Gitarrist nahm sich eine Gitarre nach der anderen, hängte sie sich vor dem Spiegel um und machte ein bisschen auf Poser. Der bewundernde Hofstaat gab Kommentare ab und letztendlich entschied sich Durchlaucht für eine der Gitarren, ich glaube, es war eine rote SG, bezahlte und verschwand wieder mit seinem Hofstaat.

Er hatte keine der Gitarren auch nur im mindesten angetestet! Es ging ihm nur um die Schau. Verkauf seiner Erscheinung für die Augen des Publikums unter dem Deckmantel der Musik.

Natürlich ist die Show auch ein wichtiges Element. Selbstverständlich. Es hat wohl immer eine Kombination beider Elemente gegeben – mit unterschiedlicher Gewichtung, nehme ich an.

Die bloße Anwesenheit der Musiker auf der Bühne und die Reproduktion der Musik, die schon als Platte gekauft war, reichte schon, um die Mädchen zum Kreischen und zu Ohnmachtsanfällen zu bringen, Beispiel Beatles. Die machten später nicht mehr viel auf der Bühne – wenig Show.

Bei manchen war der Anblick schon Show genug.

Je nachdem, welcher Mentalität das Bühnendasein entsprang, wurde eben nur musiziert oder Spektakel dazu gemacht.

Die ersten Instrumentalbands der Sixties (Shadows, Spotnicks) hatten für ihre Bühnenpräsenz Step-Schritte choreografieren lassen und tappten deswegen immer synchron herum.

Andere kamen mit aufwändigen Kostümen auf die Bühne. Elvis wurde unter anderem bekannt durch seinen Hüftschwung (Elvis the pelvis) und Chuck Berry durch Duckwalking on his knees.

Die Instrumente spielten auch manchmal eine Rolle im Hinblick auf „etwas Besonderes". Paul McCartney spielte z.B. diesen Höfner Bass im Geigendesign und ich bin mir eigentlich sicher, dass es ihm dabei nur um das andere Aussehen dieses Basses ging. Eben deutlich anders, als E-Bässe im Durchschnitt aussehen. Der Sound war hingegen nicht so überwältigend.

Ich hatte mir auch mal so ein Show-Instrument gekauft, eine Hagstroem Gitarre, die aussah, als sei sie komplett aus Perlmutt. Die Korpusdecke war noch zusätzlich mit metallic-glitzerndem Blausilber bedeckt, das bei Scheinwerfereinstrahlung ständig wechselnde Blitze ins Publikum schickte.

Der Sound dieser Gitarre war auch abenteuerlich schlecht, aber sie hat erstmal gewichtig ausgesehen.

Bei diesem Gitarrenboom wollten die Instrumentenfirmen natürlich ein möglichst großes Stück des inzwischen fast die ganze Welt umspannenden Beat-Kuchens abschneiden.

Wie macht man das nun auf einem Markt, der praktisch von Fender und Gibson dominiert wird?

Zwei Möglichkeiten kristallisierten sich langsam heraus.

Die erste war die, dass ein berühmter Gitarrist eine neuartige Gitarre einer Firma spielte, die bis dahin kaum einer kannte. Das führte zu Vermutungen bei potenziellen Käufern, dass dieser Gitarrist bestimmt weiß, warum er gerade diese Gitarre bevorzugte, und immerhin war er ja berühmt, also müsste man doch seinen Sound mit dieser Gitarre hinkriegen und auch ein bisschen an seinem Ruhm teilhaben können. Berühmtheiten bekamen deshalb oft unbekannte Gitarren von Firmen zur Verfügung gestellt, um am Markt erfolgreich anzukommen.
Oder aber, ein später berühmter Gitarrist hatte noch eine unbekannte und preiswerte Gitarre aus seinen Anfangszeiten, weil er sich inzwischen an sie gewöhnt hatte, oder weil alle anderen die bekannteren Marken spielten und er dadurch etwas Besonderes hatte.
Ich wüsste zu gerne, ob Rickenbackers so bekannt geworden wäre, wenn John Lennon nicht eine ihrer Gitarren gespielt hätte. Außerdem wüsste ich sehr gerne, warum die Shadows damals von Fender auf Burns umgestiegen sind.

Die zweite Möglichkeit war die, dass jemand eine sehr auffällige Gitarre auf den Markt brachte, die so anders aussah, dass sie jedem im Publikum sofort auffiel.
Das reizte natürlich Gitarristen, die schon durch das Aussehen ihres Instruments jenseits der Fender-Gibson-Phalanx auffallen wollten. Der Sound war dabei wahrscheinlich eher unwichtig, wie damals bei meiner Hagström aus „Perlmutt". Als erstes Beispiel fällt mir sofort die Firma Vox ein mit ihren eiförmigen Gitarren, zumindest Brian Jones war manchmal mit einer zu sehen.

Dazu kamen noch diverse Billigprodukte auf den Markt, mit denen noch gitarristische Randbereiche abgeschöpft werden sollten, die Kaufhausgitarren. Eine wurde von uns Hertiecaster genannt.
Die Krönung von allen war aber, alleine schon durch ihren Namen, die Quelle Triumphator De Luxe.

Klar, das Auge "isst" mit!
Später, je näher an der Gegenwart, veränderte sich aber leider die Szene derart, dass Leute gerne mal auf der Bühne bewundert werden wollten, aber kein Instrument spielen und auch nicht singen konnten. Also sabbelten sie mit drohender Gestik irgendwelchen Unsinn vor sich hin, den sie nur noch an das Background-Stakkato anpassen mussten (siehe auch Seite 169).

Aber zurück zur Musik!
Ich kam durch meine Arbeit bei Otto Simonovsky leicht an günstige Gitarren und konnte besondere Instrumente vorher gründlich ausprobieren. Ich habe mir dann eine TAMA Westerngitarre gekauft, die ich noch heute habe und die ich immer zum Einüben bestimmter Stücke als erste in die Hand nehme.

Gene Vincent und Marika Rökk

Irgendwann gings mit den Team Beats ins Plattenstudio. Unser Manager hatte wieder irgendwo herumgemanaget.
Die Ariola sollte unsere erste Platte für den Star-Club Hamburg herausbringen und wir konnten sogar über die Stücke entscheiden! Für die Rückseite hatte ich schnell ein Stück hingehuschelt, immerhin meine Erstkomposition. Die A-Seite sollte ein Stück von Gene Vincent werden: *Say Mama*.

Nun gut. Im Programm hatten wir das Stück sowieso schon länger. Das Üben dafür war deshalb unnötig. Wir gerieten also zum ersten Mal in eine Studio-Atmosphäre – war es das das Hansa Studio? Ich weiß nicht mehr so genau, ob dort die erste Platte aufgenommen wurde.
Eine ähnliche Situation, wie seinerzeit im Titania Palast: Ein paar ältere Herren hatten das Sagen, die da immer schon aufgenommen und geschnitten hatten.
Ich hatte einen alten VOX AC 30 und eine 62er SG, zwei Dinge, die man heut mit Gold aufwiegen würde wegen ihres unwiederbringlichen Sounds. Der sollte warm und etwas rau und angezerrt klingen, weshalb man zwar nicht alle Potis nach rechts drehen musste, aber immerhin mindestens die Mittelstellung einjustieren sollte, – aber nicht mit diesen Herren Studiotechnikern! Die hatten keine Ahnung, wie aktuelle Beatmusik klingen sollte. Sie stammten ja noch aus der Bully Buhlan-Zeit! Also wurde das auch so gemacht.
Die Verstärker wurden so leise wie möglich gedreht, wodurch der Sound völlig blass wurde und sich nach nichts anhörte. Und dann wurde ein mönströses Riesenmikrofon dicht vor

die Lautsprechermembran gestellt. Ich hatte noch nie vorher so einen sterilen Kacksound gehört!

Aber unsere Beschwerden bei den älteren Herren führten zu gar nichts und lösten sogar noch Empörung aus. Wie wir uns überhaupt anmaßen konnten, gestandenen Tonstudio-Profis ins Handwerk reden zu wollen!
„*Wir haben sämtliche Aufnahmen mit Marika Rökk gemacht und die sind alle Hits geworden!!*"
Für alle, die heute noch manchmal unsere Platten bei ebay ersteigern:
So haben wir damals in Wirklichkeit nicht geklungen!!!

Unsere erste Platte von den Marika Rökk - Toningenieuren

Das leidige Vorgruppenschicksal

Cliff Richard und die Shadows kamen auch endlich mal nach Berlin. Sie spielten in der Deutschlandhalle, und als Vorband hatten sie Drafi Deutscher & His Magics, eine wirklich gute Band, und über den Sänger habe ich ja schon genug Lob ausgeschüttet – zu Recht!
Was Drafi betrifft war das Konzert ziemlich schlecht, obwohl er das spielte und sang, was ich schon gut kannte. Irgendwie klang er ziemlich dünn und nichtssagend. Ohne Volumen, ohne Bässe und ohne alles. Piepsige Stimme!
Ungefähr so, als ob man Musik aus einem Kopfhörer hört, den man gerade etwas von den Ohren weggenommen hatte, schwer zu beschreiben. Oder so wie unsere erste Platte bei der Ariola. Das war überhaupt nicht Drafi Deutscher!
Cliff Richard & The Shadows hörten sich dann voll voluminös an, wie man sie auch von Platten und Radio her kannte, richtig gut und professionell.
Da schimmerte so langsam das leidige Problem der Vorband-Hauptact-Geschichte durch und es fiel mir wie Schuppen von den Augen:
Vorbands hatten oft gefälligst schlechter zu sein, als der Hauptakt! Um das hinzubiegen, wurde die Tontechnik manipuliert, die die Anlage eben einfach schlechter klingen ließ.
Ich kann mir nämlich nicht vorstellen, dass Drafi einen Mixer am Mischpult hatte, der dermaßen laienhaft abgemischt hat. Es sei denn, unsere Ton-Ingenieure des Tonstudios damals für unsere erste Single wären zufällig auch noch am Mischpult der Deutschlandhalle für Drafi....
Nee! Unsinn!!

Diese Vorgruppenproblematik hat später manchmal seltsame Wendungen genommen; da ging dann der Schuss nach hinten los.

Ich erinnere mich da an Bands, deren Vorgruppe von ihnen falsch gewählt worden war, weil sich vielleicht vorher keine Sau darum gekümmert hatte, was das für eine Band war und vor allem *wie* sie war!.

Vorgruppen, nach denen keiner mehr den Hauptakt sehen wollte oder schlimmer: nach denen der Hauptakt ausgepfiffen wurde, weil er einfach schlechter gewesen war.

Ich will mal hier lieber keine Namen nennen...

Waldbühne '65

Im Spätsommer, am 15. September 1965, sollten die Rolling Stones nach Berlin kommen!

Die ältere Generation ahnte mal wieder von nichts, wie damals bei Bill Haley and his Comets im Sportpalast, als ich noch zu klein war, um da dabeisein zu dürfen!. Presseberichten zufolge hatte es ziemlich Randale gegeben und es ist einiges zu Bruch gegangen.

Die Rolling Stones in Berlin wäre der Höhepunkt all dessen, was sich Jugendliche in West-Berlin jemals erträumt hatten!

Wir vor den Stones!

Weiß der Himmel, wie unser Manager das wieder hinbekommen hatte, aber wir sollten das Waldbühnenkonzert eröffnen!

Wir!

Mann, Mann, Mann!

Das ging natürlich runter wie Öl! Und obwohl wir einige Erfahrungen mit großen Hallen vor reichlich Publikum gemacht hatten – hier stieg das Lampenfieber in unbekannte Höhen mit Schweißausbruch und zittrigen Knien.

Wie bekamen wir diese Aufregung in den Griff? Captagon!

Bei allem Gerede über Sex&Drugs&Rock'n'Roll dieser Zeit, unsere Droge neben dem Alkohol war das amphetaminverwandte Captagon. Kleine Tabletten, ein verschreibungspflichtiges Medikament. Ein Mittel gegen Müdigkeit, ein Antidepressivum.
Die Dosierung musste man selber testen, ein kurzes Weilchen nach der Einnahme stürmte man mit Adrenalin zugeschüttet los. Die Mundschleimhaut war knochentrocken.

Wir haben das Zeug zwar nicht immer geschluckt, wohl aber zu wichtigen Konzerten vor Publikumsmassen in großen Hallen.

Wie zum Waldbühnenkonzert beispielsweise.

Die Waldbühne war viel zu klein für alle West-Berliner Jugendlichen – da hätte man mindestens drei Waldbühnen gebraucht, wenn das überhaupt gereicht hätte!
Der Eintritt kostete damals 4,- 8,- und 12,- D-Mark, lächerlich! Es war allen klar, dass man nur mit Einfallsreichtum sicher sein konnte, an diesem legendären Konzert teilnehmen zu können. Brav in einer Reihe an der Kasse anstehen wäre bestimmt ein Witz gewesen! Das hätte nie und nimmer funktioniert bei diesem zu erwartenden Andrang.

Vorarbeiten

Einen Tag vor dem entscheidenden Ereignis fuhr ich mit Kurt-Peter Müller dem Sozialistischen-Sackstaat-Allies-Schlangen-Müller-Schlagzeuger, nachmittags zur Waldbühne, die ja dem Namen nach in einem Wäldchen liegt. Wir gingen an irgendeiner Stelle in diesen Wald, und siehe da – nicht nur wir!
Ich habe von unserer Warte aus ein halbes Dutzend Jugendliche gesehen, die sich durch das Unterholz Richtung Waldbühne bewegten. Und es wurden immer mehr, je näher wir dem hohen Drahtzaun kamen, der die Waldbühne ringsherum umschloss.
Hm...dachte ich noch – was wollen die denn alle schon einen Tag vorher hier?
Bis ich sah, dass hier und da Zangen und sonstiges Werkzeug am Zaun eingesetzt wurde. Die schufen sich schon heute ihre Eingangspforten für morgen! Überall! Am kompletten Zaun rund um die Waldbühne! Und ohne dass ein Offizi-

eller oder ein Wachschutz weit und breit zu sehen gewesen wäre.
Kurt-Peter hatte auch einen Seitenschneider dabei. Er knipste ein paar Stellen des Maschendrahtzauns durch und weg waren wir.

Ein milder Spätsommertag

Wir konnten bequem mit unserem Blauen Pfeil in die Waldbühne zur Bühne vorfahren, lange vor dem Einlasstermin. Wir luden aus, bauten auf und harrten der Dinge, die da kommen sollten...

Ich glaube, vom Haupteingang kam nicht mal die Hälfte der hereinstürmenden Massen. Es ging aber insgesamt sehr friedlich zu. Natürlich war lange nicht für jeden ein Sitzplatz vorhanden – war ja klar! Viele saßen auf Bäumen und ein paar sogar auf den Laternen, wo sie johlenden Beifall des Publikums entgegen nahmen. Einer schwankte sogar auf einer Laterne hin und her.
Es waren Ordner zu sehen, die sich aber überwiegend auf der Bühne herumtrieben, und es waren auch viel zu wenige angesichts der Massen unten und hinten und oben! Der Vorplatz der Bühne, ein Rondell, wurde aber nicht betreten und war zunächst noch frei.

Ein schöner, milder Spätsommertag. Die Sonne schien. Blauer Himmel mit ein paar Schäfchenwolken.
Mit dem Sonnenuntergang, als sich der Himmel im Westen über Spandau rot färbte, kam Lagerfeueratmosphäre auf. Einige hatten unten am Rande des Rondells kurz vor der ersten Sitzreihe ein paar Feuer entfacht! Eigentlich nichts Schlimmes, aber ungewöhnlich und unter den Augen der Ordner oben auf der Bühne eine bodenlose Frechheit.

Es sollte langsam losgehen!
Wir bekamen einen Wink und Butschi ging, wie er das meistens machte bevor wir loslegten, zu seinem Schlagzeug, um noch mal kurz die Felle nachzustimmen und drosch dabei, war es Zufall oder Absicht?, ich weiß es nicht mehr und er wahrscheinlich auch nicht, das allen bekannte Schlagzeugmotiv von *Let's go:*

BAMM BAMM BABABAMM BABABABAMM BAMM BAMM

Und wie ein Tsunami schwappte die Publikumswelle von den Sitzreihen an die Bühne!
Wir waren als Dreierreihe voller Captagon und Adrenalin mit unseren Gitarren bis nach vorne an die Reeling gestürmt und legten los. Welches Stück? Ich weiß es nicht mehr. Unser ganzer Auftritt versank im verklärten Nirvana eines Tagtraums....
Denken war nicht mehr drin! Alles, was wir spielten, lief im Affekt. Nachdenken über Akkorde, Text und Setliste war nicht mehr möglich, aber wir hatten unser Programm schlafwandlerisch parat! Jahrelanges Training!

Mittendrin fielen dann die Gesangsboxen der Waldbühne aus. Es kam überwiegend Gescheppert aus den Boxen und die Backline war lauter als der Gesang. Wir stellten um – sogar das klappte! Wir spielten ein paar Stücke mit vielen Breaks, in denen ohne Instrumente der Gesang alleine zu hören war. Ich erinnere mich da noch an Chuck Berry's *Too much monkey Business* das ich gesungen habe.

In dieser Situation verschwamm das Publikum entweder vor meinen Augen als wabernde Masse oder aber, was auch oft vorkam, dass ich einzelne Gesichter oder Gruppen von Gesichtern auch in den weiter entfernten Sitzreihen wie mit einer Lupe vergrößert dicht vor mir sah.

Inzwischen standen alle und wippten mit.

Zum Schluss Beifall und Erleichterung bei uns.

Wir hatten das legendäre Sommerkonzert eröffnet!

Brian Jones vor mir

Worauf alle seit Jahren gewartet hatten: Die Stones kamen als Hauptakt, nachdem noch die eine oder andere Band vorgeheizt hatte, auf die Bühne.

Ich saß auf einer Echolette-Box auf der Bühne und hatte den denkbar besten Blick. Brian Jones stand genau vor mir in greifbarer Entfernung, Bill Wyman rechts und der Rest weiter links. Wenn man die Stones immer nur aus Zeitungen und Abbildungen gesehen hatte, dann ist das plötzliche Sehen der Leibhaftigen doch etwas ernüchternd: sie waren ziemlich klein! Ich mit meinen 188 cm plus Tom Shoes war wesentlich größer als z.B. Bill Wyman, und wenn man sich die Boots wegdachte, waren die Stones ganz schön klein. Aber nicht musikalisch! Sie brachten eben diese lang ersehnte Gefühlswelle rüber – egal wie sie spielten. Endlich hatten wir mal das, was wir immer schon herbeigesehnt hatten! Endlich!

Wurstschnappen bei Onkel Pelle

Mick Jagger trug an diesem Tag ein groß kariertes Jackett, das er später in die Hand nahm und über die Reeling hinweg zum Publikum schwenkte. Die Köpfe da unten schwenkten mit und versuchten, das Jackett zu fassen, was Mick aber verhinderte – das war so ähnlich wie das Wurstschnappen früher bei Onkel Pelle auf einem Kinderfest.
Mick trieb dieses Spielchen eine ganze Weile.

Die Bühne hinter den Stones war nicht gerade leer, ich meine, ich hatte mich ja schon auf die Box hinter Brian Jones gesetzt (siehe Zeitungsausschnitt), aber es saß und stand noch eine Reihe anderer Leute irgendwo im Hintergrund herum inklusive der paar Ordner.

Waldbühne zerstört

67 Verletzte

lutige Bilanz der Beat-Schlacht

aubliche Krawalle * 73 Verletzte
-Bahn-Verkehr unterbrochen
äden noch nicht zu übersehen

Ich mit meiner äußerst günstigen Sitzposition!

Alle sind aus dem Häuschen

In voller Aktion: Die Rolling Stones lassen ihre Lawine aufs Publikum los.

Aufgeputschte Radaubrüder demolierten Waldbühne und

Der erste Stagediver

Und plötzlich, als Mick Jagger mit seinem Jackett mal wieder über den Köpfen der Menge vor der Bühne herumfuchtelte, kam ein Typ aus dem Hintergrund der Bühne gerannt, schnappte sich Micks Jackett und hechtete damit in die Menge. Mick Jagger war starr und wütend!
Unten vor der Bühne an der Stelle, wo der Typ mit der Jacke eingetaucht war, eine Szene wie aus Filmen über Piranhas, wenn jemand eine Kalbshaxe ins Wasser geworfen hat:
Es kochte und brodelte und man sah zwischendurch immer wieder mal das Jackenmuster mit den großen Karos auftauchen und verschwinden oder nach links und rechts gezerrt bis die Stofffetzen immer kleiner wurden und in den Taschen der Fans verschwunden waren.
Glatte Meeresoberfläche, als ob nichts geschehen wäre!
Ob noch wichtige Privatsachen in Micks Jackett gewesen sind?
Er war jedenfalls empört, außer sich vor Wut, und die Stones beendeten kurz danach das Konzert!

Das stand aber so nicht im Programm!

Als die Menge merkte, dass die Stones den Schluss des Konzerts ernst meinten, kochte sie über.
Da wartete man jahrelang bis endlich mal so ein Konzert in Berlin stattfand und dann wurde das schnell wieder abgebrochen!

Ich bin sicher, dass man das Folgende dem zu frühen Abbruch zuschreiben muss - und den Umständen, die dazu führten.

Die Fahrscheinmutti und die Stampede

Die Wut brach los wie ein Schrei aus einer Kehle. Die Bänke wurden eingetreten und der Mob walzte alles nieder, an dem er seinen Frust auslassen konnte.
Mit unserem Blauen Pfeil geordnet das Gelände zu verlassen war nicht mehr möglich. Ich fand mich irgendwann auf dem Weg zum nächsten S-Bahnhof wieder, inmitten einer tobenden Masse.
Der S-Bahnhof Berlin-Pichelsberg war verschlafen, selten benutzt, mit je einem Gleis links und rechts und in der Mitte einem kleinen Fahrscheinhäuschen aus Holz, in dem eine ältere Dame saß, um die Fahrscheine zu lochen.

Haben Sie schon mal in einem Western gesehen, was eine Stampede ist? Wenn die Rinderherde bis zum Horizont plötzlich erschreckt wird und los stürmt ohne Rücksicht auf Verluste?

Die Masse wälzte sich auf den kleinen S-Bahnhof zu, setzte das Fahrscheinhäuschen mitsamt der kreischenden Insassin an die Seite, enterte den gerade einfahrenden Zug, und riss und raffte alles Mögliche und Unmögliche mit, was auf dem Bahnhof und im Zug nicht niet- und nagelfest verankert war.

20 Jahre lang durfte in der Waldbühne kein Konzert mehr stattfinden!

Die Presse hatte ein gefundenes Fressen, den Beweis, dass die Jugendlichen heutzutage alles schwerkriminelle, randalierende, langhaarige und ungewaschene Gammler waren. Endlich mal hatten die Volksmeinung und der gesunde Menschenverstand in Bild, B.Z. und Morgenpost wieder Recht wie auch die Feierabendbelegschaft der Straßenbahnlinie E 47!

Berlin-Paris-Wien-London

Der Berlin-Paris-Wien-Vermerk geriet aus meinem Rückblick nur deshalb auf die Visitenkarte der Team Beats, weil es aus Sicht des Managers wichtig ausgesehen hat. Irgendeine Wien-Connection war mir jedenfalls nicht bekannt.
In Paris waren wir zwar mal als Band, aber nicht um da aufzutreten, sondern um im Sender RTF unsere erste Platte, die von der Ariola, vorzustellen. Am nächsten Tag stand dort in der Zeitung irgendwas von *Cinq Berlinois*.
Aber Kahli Wilhelm hatte seine Daseinsberechtigung. Er hatte es später sogar geschafft, dass wir von Brian Epstein eingeladen wurde! Dazu komme ich später noch.

Es gab aber auch Sommerferien und Urlaube für Beatmusiker dieser Tage. Im Sommerloch war hier ohnehin nicht viel los.

Ich habe mich deshalb mal einen ganzen Sommer lang zusammen mit Pitti, Jürgen Pittack von den *Allies,* in London herumgetrieben, und wir haben uns wirklich treiben lassen von dem Flair dieser Stadt. Und natürlich von der Musik vor Ort!
Was in West-Berlin selten war, hatten wir hier im Überfluss. Die berühmtesten Bands aus den Hitparaden spielten hier gleich im Mehrfachpack mit anderen berühmten Bands zusammen in den einschlägigen Veranstaltungsorten.
Uns gingen Augen und Ohren über!

Jürgen Pittack – Pitti – von den Allies mit seiner Hopf Galaxie

Das erste Etablissement in dieser Richtung am Ort war der Marquee Club inmitten Londons.
Da passierte es schon mal, dass am selben Abend *The Nice* und *The Taste,* damals noch in Originalbesetzung, spielten!

Der Umgang der dortigen Musikerberühmtheiten untereinander und mit Normalbürgern kam mir wesentlich unverkrampfter vor, als bei uns zu Hause.
Wir „trafen" beispielsweise mal zufällig Graham Bonnet, der gerade einen Hit mit den *Marbels* im Radio hatte, *Only One Woman*, auf der Straße und wurden von ihm nach kurzem small talk zu einer Party eingeladen!
Allerdings haben wir in London auch die eine oder andere Band gesehen, bei denen wir uns sicher waren, dass mindestens ein Mitglied wahrscheinlich nur deswegen dabei war, weil er einen wichtigen Teil der Anlage hatte.
Bill Wyman z.B. vermutete ja auch immer, dass die Stones ihn nur genommen hatten, weil er als einziger einen AC 30 besessen hat.
Aber den haben wir nicht gesehen. Von den Stones habe ich mal Keith Richards gesehen, wie er mit einem Rolls Royce-Cabrio durch London gefahren wurde. Und Mick Jagger später im Hyde Park bei *Blind Faith*.

Ich mit 23 im Swinging London!

Wir waren jeden Tag on the Road im *Lord Kitchener's, Kensington Market, Portobello Road* usw. Wir kauften uns Wildlederwesten mit langen Fransen aus einem Stück. Später wurden wir darum in den einschlägigen Schuppen in Berlin beneidet, weil C&A sowas nur mit angenähten Fransen hatte – wenn überhaupt! Außerdem holten wir uns lila Samthosen und Sternchen-Boots, wie sie Joe Cocker später in Woodstock trug.

Ich kam aus der Begeisterung nicht mehr richtig raus: *Fleetwood Mac* und *Spooky Tooth* im Roundhouse. Das hat mich zum ewigen Fan von Peter Green gemacht.

Es war wohl der besondere Sound seiner Les Paul und die ganz spezielle Art, sich mit bestimmten Tonfolgen auf der Gitarre auszudrücken, sehr gefühlvoll zu spielen und dann seine besonderen Kompositionen wie z.B. *Albatross* und *Man Of The World*, die mich für ihn dahinschmelzen ließen.

Mir ist heute erst klar geworden, dass ich nie so sehr der Blues-Typ war, obwohl ich viel in der Richtung sehen und hören konnte, aber Peter Green spielte einen Blues, für den sogar ich mich erwärmen musste!

Wenn ich heute meine Gitarre-Amp-Tretminen-Kombination einrichte und einen sauberen, weichen, aber interessanten Klang bei Clean-Einstellung ausloten will, spiele ich fast immer Tonfolgen von Peter Green vor mich hin.

Als sich Cream aufgelöst hatten und Blind Faith, die ich 1969 im Hyde Park bewundern durfte, in der Versenkung verschwunden waren, gab es zu meinem Glück eine Band jenseits des Atlantiks, die diese Tradition fortsetzte: *Mountain*.

Leslie West war der Gitarrist und Sänger für die härteren Stücke. Vor seinem damals massigen Körper verschwand die relativ kleine Les Paul Junior fast wie eine Kindergitarre. Er hatte eine für ihn typische Spielweise, in der er auch oft die Obertöne herausquietschte, was ich seitdem übernommen habe und immer noch gerne praktiziere.

Überglücklich war ich, als ich es geschafft hatte, eine Les Paul Junior zu erwerben, die ich heute noch habe!

Ich denke, dass dieses Gefühl, das bei seinem Gitarrenspiel für mich rüberkommt, am meisten auch meinen Gefühlen in vielen Situationen entspricht – er also mit dem, was er da macht, bei mir offene Türen einrennt. Dazu passt auch wunderbar sein rauer, harter Schreigesang und der auf ganz andere Art genauso schöne, aber weiche Gesang von Felix Pappalardi.

Dazu kam dann noch die ganz spezielle Art des Schlagzeugers Corky Laing, der unter anderem gern mit den Tönen auf der Snare so hereinstolperte in die Eins.

Was soll ich dazu noch sagen – die ganze LP *Nantucket Sleighride* ist für mich heute immer noch ein Genuss!

Als ich Leslie West zum ersten Mal live erlebte, hatte er zu meinem Entsetzen keine Les Paul Junior in den Händen, sondern irgendeine Gitarre ohne Kopfplatte, sowas wie eine Steinberger, aber sein Sound war im Prinzip der alte!

Das ist sowieso ein Phänomen: Einige Gitarristen haben immer ihren typischen Sound, egal mit welcher Gitarre oder welchem Amp oder welchen Tretminen sie spielen...

Und er quetscht eben seine Töne ganz oft durch das kräftige Pressen des Plektrums auf die Saiten heraus.

Aber zurück in die Realität – nach West-Berlin!

Der Dorfkrug Lichtenrade war eins der vielen Beispiele für Kneipen, die weitab vom Schuss lagen und trotzdem durch die Bands, die dort regelmäßig spielten, ein Magnet für Jugendliche dieser Zeit waren.
Lichtenrade, mein Geburts-, Grundschul- und Wohnbezirk, mit unter anderem Oma Ella, war vorbestimmt für die Team Beats. Alle bis auf Thomas und Atze wohnten ohnehin in der Nähe und das Jugendheim Rathausstraße, wo unsere Anlage stand, war in Mariendorf, dem Nachbarbezirk.
Wir wurden sowas wie die Hausband des Dorfkrugs Lichtenrade.

Eins unserer Stammlokale: Der Dorfkrug Lichtenrade.

Team Beats hinter dem Seeschloss Hermsdorf:
Atze, ich, Thommy, Butschi, Olaf

Thommy, Olaf, Butschi, Ich (von links) an der Seeschloss-Mauer, Atze im Vordergrund

Laterna Magica

Jedes Jahr haben wir auf der Laterna Magica gespielt, dem Studentenfasching der TU-Berlin an der Straße des 17. Juni. Das hat viel Spaß gemacht und war auf eine andere Art spannend: Dieser Faschingsball spielte sich in einem vierstöckigen Haus ab, in dem in jedem Stockwerk mindestens zwei Bands spielten und sich ablösten. So war ständig Livemusik in allen Stockwerken, und man konnte sich gegenseitig besuchen und untereinander mal zu fortgeschrittener Stunde Musiker austauschen.

Die *Twangy Gang* mit Hübi und Dietmar spielten da immer und noch ein paar andere.

Der Alkohol floss in Strömen, und ich erinnere mich noch mit Entsetzen daran, dass Thomas und ich morgens gegen vier Uhr mit unseren beiden Ford 17 M Badewannen auf der falschen Seite der Straße des 17. Juni, die auf beiden Seiten vierspurig ist, nebeneinander zum Ernst-Reuter-Platz gefahren sind.

Es kam uns keiner entgegen!

Schwein gehabt, groooßes Schwein!!!

Jimi Hendrix in der Neuen Welt

Das war ein Ereignis! Nicht nur Berlins Gitarristen interessierten sich dafür, auch die Restjugend in großen Teilen. Aber von den Gitarristen waren alle da. Jede Wette!
Jimi Hendrix war damals DER Zauberer auf der Gitarre. Er stellte das ganze bis dahin geltende Gitarrenhandwerk auf den Kopf. Trotz allem war er aber lieb und nett, ohne für uns erkennbare Starzicken.
Molly spielte mit seinen *Restless Sect* als Vorgruppe und Hendrix starrte ihm dabei von der Bühnenseite hinter dem Vorhang ständig auf seine Finger.

The Restless Sect mit Molly (3. von links)

Als die Experience dann aufbauten, passierte ein für mich fast unglaubliches Ding: Jimi Hendrix stand mitten auf der Bühne mit seiner Strat und lachte lauthals lange vor sich hin, bis ich merkte, dass ja noch gar keine Mikrofone angeschlossen waren und Jimi auch während des Lachens gar nicht seinen Mund bewegt hatte!
Er hatte mit der Gitarre über den Marshall gelacht!
Das sagte mir schon fast genug über seine Fähigkeiten.
Nachher spielte er zauberhafte, weiche und brutale Dinge auf den sechs Saiten, dass einige von uns, Pitti und ich auf jeden Fall, wirklich überlegt haben, ob wir unsere Gitarren nicht besser an den Nagel hängen.
Da waren Spielweisen dabei, von denen wir uns nicht erklären konnten, wie sie auf einer Gitarre anatomisch möglich sein konnten.
Trotzdem machten wir nach einer Frust-Pause weiter. Pitti mit den Allies, ich mit den Team Beats.

Typisch deutsch

Herr Schuder, der Jazzgitarrist und Verstärkerbauer aus meiner Nachbarschaft, hat mal einen Kommentar zur Musiksituation abgegeben, den ich typisch deutsch gefunden und bis heute nicht vergessen habe.
Die Drifters erschienen mit ihrem Hit *Safe The Last Dance For Me* in den Hitparaden und immer wieder im Radio.
Kommentar vom sichtlich verärgerten Herrn Schuder: „*So ein simples Lied! Gerade mal zwei, drei einfache Akkorde! Und das wird weltweit gekauft!*"

Von diesem Tag an begriff ich schlagartig die „deutsche Mentalität" was, bestimmt nicht nur, musikalische Qualität und Anspruch betrifft. Wohl bemerkt – nicht aus Sicht der Konsumenten, sondern aus Sicht der Musik-machenden.
Musik MUSS mit Leistung zu tun haben! Individuelles Können und möglichst schwierige Kompositionen sollten demnach auch immer die größten Lorbeeren ernten!
Da kann so ein „einfaches" Stück natürlich nicht mithalten.
Dass Musik viel mit Gefühl zu tun hat, und Gefühle nun mal nicht mit höchster Anstrengung auf dem Logiksektor erreicht werden können, passte nicht in das Weltbild der verkopften Musiker.
Nach meinen Empfindungen hat sich das durchgängig bis heute gehalten. Leider. Deutsche Produktionen, die ernst genommen werden wollen, sind oft auch typisch deutsch.
Das heißt natürlich nicht, dass es nicht massenweise Stücke aus deutscher Produktion gab und gibt, die überhaupt nicht in dieses Raster passen. Stücke, die vielleicht witzig, locker und leicht sind. Ich wollte hier nur einen Teil des Musikspektrums erwähnen, das ich immer wieder mal kopfschüttelnd erlebe und das mich auch sofort wieder an Herrn Schuder erinnert.
Geärgert habe ich mich mal als ewiger Fan von Johnny Horton, als die Musik des Films *Land der tausend Abenteuer* mit seinem Hit *North To Alaska* hier in den Synchronstudios wahrscheinlich schnell irgendwie hingehuschelt durch eine deutsche Variante von Fred Bertelmann ersetzt worden ist. Schlimm!!! Um nicht beleidigend zu werden. Ganz schlimm.
Wenn ich mir heute diesen Film anschaue, drehe ich beim Vorspann konsequent den Ton weg!

Was die Weltgeltung der deutschen Musik betrifft, abgesehen von der Klassik, schäme ich mich. Wir haben durchaus sehr gute Musik innerhalb Deutschlands in deutscher Sprache, das will ich nicht abstreiten, aber Weltgeltung hat das nicht. Seltene Ausnahmen wie z.B. Nenas *99 Luftballons* oder Kraftwerks *Autobahn* ändern da nichts am Grundsätzlichen. Es gibt Bands aus nicht englisch sprechenden Ländern, die musikalisch die Welt erobert haben – z.B. ABBA.
Jedes Mal, wenn ich einen Deutschen oder eine Deutsche international mit einem Hit entdecke, habe ich mich mächtig gefreut. Das sind aber leider sehr seltene Momente:
Klaus Voorman bei Manfred Mann, Michael Kogel, der in Berlin (!) geborene Sänger der Los Bravos, Lenny Wolf, der Sänger von Kingdom Come, die Scorpions u.w.a. (w = wenige!)

Die Geschichte der Team Beats ging noch weiter. Bis 1967. Dann hatte unser Manager wieder mal einen dicken Fisch an der Angel. In der Zeitung stand eines Tages:

Brian Epstein: *„Schickt die Team Beats rüber!"*

Das war der Wendepunkt. Das hätten wir als Amateure oder zeitweise auch Semi-Profis nicht machen können. Wir mussten beraten, ob wir Profis werden wollten, oder nicht.
Wir redeten ein ganzes Wochenende. Drei von uns studierten gerade, Butschi, Olaf und ich. Die anderen beiden hätten den Job leichter an den Nagel hängen können.

Die Entscheidung fiel dann 3 : 2 für die Auflösung der Band, unter Heulen und Zähneklappern.
Und ich fiel erst mal in ein tiefes Loch, aus dem ich mich mühsam wieder emporarbeitete.

Aber meine Kindheit war plötzlich vorbei!

Die Zigarette danach

Plötzlich ging aber das große „Bandverschwinden" los! Es wurden immer weniger Live-Auftritte angeboten und an ihre Stelle rückten die Discotheken. Das bedeutete auch andere Musik. Bands, die sich damals nicht gegen eine Auflösung entschieden hatten und Profis wurden, hatten bald einen harten Knochenjob zu leisten.
Rückblickend muss ich daher sagen, dass unsere damalige Entscheidung eine sehr weise gewesen ist – obwohl wir zu dieser Zeit natürlich noch nicht ahnen konnten, wie es weitergehen würde.
Die siebziger Jahre läpperten sich noch so dahin, mit einigen Highlights auf dem Musiksektor, aber die Entwicklung bei uns war fatal:
Es kam die „Neue Deutsche Welle".

Zum Glück gab es weltweit eine Richtung, in der ich mich zu Hause fühlen konnte und in der ich weiter auf der Gitarre trainieren konnte. Diese Musik wurde zelebriert von Bands wie Led Zeppelin, Deep Purple, Black Sabbath, Uriah Heep.

Hier bei uns war auf dem Musiksektor derweil trostlose Steppenlandschaft mit ganz minimalen Ausnahmen.

Epilog

Es juckt mir in den Fingern

Nach einigen Jahren Studiererei, erst das falsche Fach, dann das richtige, und ohne Hornhaut auf den Fingerkuppen, sah ich meine Tama in der Ecke stehen und hatte plötzlich Zeit und vor allem Lust, darauf wieder mal schöne Klänge zu fabrizieren...
Wie es dazu kam, weiß ich nicht mehr, aber vielleicht hat mich bestimmte Musik aus dem Radio angemacht, oder die Tatsache, das Pitti und Kurt-Peter und so manch anderer plötzlich wieder mit ihren Instrumenten zugange waren.
Je nun, der erste Moment war schlimm! Der Kopf wusste noch alles, die Finger nicht!
Die Fingerkuppen schmerzten wie beim ersten Mal, na klar. Und es dauerte genauso lange wie beim ersten Mal, bis sie nicht mehr weh taten. Die Fingerfertigkeit der rechten Hand war auch lange nicht mehr so virtuos.
Zum Weitermachen animierten mich diesmal nicht die Mädchen auf Sylt, sondern eher das Wissen über das, was ich mal gekonnt hatte und der Ehrgeiz, wieder dahin zu kommen. Und Pitti, der inzwischen schon ein tolles Vibrato mit seiner linken Hand beherrschte, was ich noch nicht konnte.

Es ging also wieder los.
Ich ließ mir von *Jürgen Schwartz*, dem Inhaber des Musikladens *Bebop* in der Grunewaldstraße, eine Schecter-Strat aus

Luxusteilen nach meiner Vorstellung bauen, eine schwarz gebeizte und nicht lackierte Strat mit Maple Neck und Chrom-Beschlägen, die im Scheinwerferlicht von der Bühne Lichtreflexe ins Publikum streute. Dazu noch ein sehr aufwändiger Shift2000 Tremolo, sehr schwer, aber ziemlich verstimmungsfrei.

Kurt-Peter und ich hatten in den alten ehemaligen Kasernen am Werner-Voß-Damm in Tempelhof einen Übungsraum gemietet. Das war in der Nähe des S-Bahn-Geländes auf einer Luftlinie zwischen dem Insulaner und dem alten Stehpiepel-Denkmal Richtung Norden. Anfangs hatten wir Frank Luge als guten und höchst interessanten Bassisten. Es ging los mit Cream-Sachen, aber auch mit ersten eigenen Versuchen!
Eine höhere Ebene der Musikmacherei endlich!
Kurt-Peter hatte damals ein sehr umfangreiches Schlagzeug mit Double Bass, an dem er später mit Ginger Baker endlose Drumsessions veranstaltete, wie die Gerüchteküche sagt.
Ich hatte einen tollen, ganz alten, zweiteiligen AC 30 und eine alte SG und dazu noch ein Original Echolette Echogerät. Der AC 30 war mit zwei Piezos frisiert, die oben links und rechts in der Box saßen. Frank Luge spielte wohl über einen großen Ampeg.
Eines Tages war der Übungsraum ausgeräumt! Einbruchdiebstahl! Mein Zeug war komplett weg! Ich lasse meine Gitarre so gut wie nie im Übungsraum, nur damals einmal, und ausgerechnet da.....Mist!!!
Die Versicherung zahlte zwar, aber diese kostbaren, alten Instrumente waren leider für immer verschwunden. Die Schecter Strat hatte ich glücklicherweise nicht im Übungsraum gelassen!

Diese Formation löste sich irgendwann auf. Es kam die Zeit mit den verschiedensten Zusammensetzungen und Versuchen, mit dem Ausloten bestimmter Richtungen und dem abwechselnden Zusammenspiel mit diversen interessanten Leuten.

Kurt-Peter mit Gary Cowtan und Rainer Schallert

The Allies mit Kurt-Peter am Schlagzeug,
Pitti und Rainer Schallert

West-Östlicher Dialog

Wir gründeten mit mehreren Musikern die IG Rock auf dem Ufa-Gelände, auf dem ich den nächsten Übungsraum hatte, einen alten Filmvorführraum. Hier übte ich mit Butschi und dem gerade aus der DDR geflüchteten Klaus Jentsch (Bassist der Renft-Combo), was aber in Endlos-Improvisationen ausartete.
Manchmal machte ich was zusammen mit meinem alten Kumpel Heiner Pudelko, der schon immer für mich ein äußerst faszinierender Sänger war. Es war die Zeit zwischen Curly Curve und Interzone.
Nebenan in einem Kinosaal übte David Bowie, ich denke, für die LP Helden.
Zwischendurch oder auch parallel dazu spielte ich immer wieder in Cover-Bands, es ließ mich einfach nicht los. Stones-Cover, Chuck Berry-Rock'n'Roll, erste Hardrock-Variationen in eigentlich nicht in diese Musikrichtung gemeinten Stücken.
Ich wollte auf der Gitarre weiter kommen: Dinge lernen, die ich noch nicht konnte, die weißen Flecken auf der Gitarrenlandkarte erforschen.
Im regelmäßigen Turnus kam auch immer wieder eine Gruppe um Werner Krabbe zusammen, die hauptsächlich an seinen „alten" R&B-Sachen übte. Das verlief meistens früher oder später wieder im Sande, aber wir hatten ein paar Jahrzehnte immer wieder Musikkontakt und auch anderen Austausch, bevor es dann wirklich mal zusammen auf die Bühne ging.

Ach apropos Renft Combo: mit dem Sänger der Renft Combo, genannt Monster, seinen richtigen Namen habe ich vergessen, habe ich mal für das Goethe-Institut etwas über Rockmusik West und Rockmusik Ost gemacht, ein Seminar oder eine Arbeitsgruppe, ich weiß es heute nicht mehr.

Furiengehetzte Sängerin und Goth-Hendrix

Eines Tages entdeckte ich eine Annonce in der Zweiten Hand, ich weiß den Wortlaut nicht mehr, aber die Undergroundband *Ghoul* suchte einen Heavy-Gitarristen. Ich fühlte mich inzwischen soweit und meldete mich.
Das war eine miteinander befreundete Clique aus Kreuzberg, die eigene Stücke schrieben und spielten. Nix Cover, bis auf *Passenger* von den Stooges und *Immigrant Song* von Led Zep.
Eine Sängerin aus Frankreich mit ihrem Freund aus Frankreich am Schlagzeug und einem Bassisten aus Franken. Ich war der einzige, echte Berliner.
Bei unserer ersten Begegnung in ihrem Übungsraum waren sie erstmal „entsetzt" über mein Outfit, Jeans, Pulli, Turnschuhe. Sie selber waren eher in Richtung Underground gestylt, viel schwarz und Chrom-Metall, Biker-Boots und gefärbte Haarsträhnen. Aber das glich sich später an, ich orientierte mich wieder mal um in meinem Leben. Lange Haare hatte ich ohnehin noch und der Rest war entwicklungsfähig, Biker-Boots und Motorradjacke mit viel Metall dran.

Das viel Interessantere war aber die Musik. Eigene Musik! Ich übte zum ersten Mal ohne nachzuspielen. Wir tasteten uns zu viert an eigene Töne, Harmonien, Abläufe und Texte. Gesungen wurde in Englisch.
Eine Herausforderung und eine Erfahrung, die ich bisher noch nicht erlebt hatte!
Ich merkte schnell, worum es ging: Dinge zu erzählen und das Gefühl, das wir dabei hatten, in Musik auszudrücken. Ich hörte manchmal Sätze, wie z.B. „Stell dir doch mal vor, du würdest jetzt das und das durchmachen. Drücke das mal bei deinem Solo auf der Gitarre aus!"
Es entstand ein höchst zugkräftiges Programm im Lauf der nächsten Monate und wir machten mehrere Platten, einen größeren Gig in der Zeche Bochum, mehrere kleinere Gigs in Berlin und eine spannende und erfolgreiche Tournee durch Norditalien.
Die Plattenkritiken überschlugen sich teilweise mit Aussagen wie z.B. „... eine furiengehetzte Sängerin und ein amoklaufender Goth-Hendrix...".
Eine lehrreiche Zeit für mich und eine Erfahrung über eine höhere Ebene des Musikmachens im Vergleich zur Nachspielerei, die ich später noch öfter machen würde.

Ich konnte inzwischen hinter diese Erfahrung nicht mehr zurück.

Ghoul

Team Beats Revival

Butschi war inzwischen Cartoonist und aus Berlin weggezogen, Olaf war Journalist und ebenfalls nicht mehr in Berlin. Atze war verschwunden oder wollte nichts mehr wissen von damals.
Thommy und ich waren immer noch hier an alter Stelle.
Jetzt bekamen wir die Chance, den Ball der Karikaturisten und Grafiker im Prälat Schöneberg drei Tage lang zu bespielen!
Ein Wiedersehen nach langer Zeit mit vielen „weißte noch..." und wir mussten natürlich erstmal wieder üben, üben, üben.
Als Bassist kam *Christian Fahrig* dazu, mit dem ich inzwischen in einer anderen Band zusammen gespielt hatte.
Das Konzert im Prälat Schöneberg lief dann auch schön und nostalgisch ab. Selbst *Achim Reichel* spielte mal eine Runde mit.
Wir konnten es also wieder oder immer noch!
Durch unsere unterschiedlichen Lebens- und Arbeitsbedingungen konnten wir aber nur gelegentlich an Wochenenden auftreten.
Butschi hatte inzwischen einen Freundeskreis in Passau und Kontakt zu der dortigen Band *New Sway and Friends* aufgebaut. Dadurch konnten wir mehrmals zu bestimmten Gelegenheiten mit denen zusammen Musik machen.
Thommy ist in dieser Zeit leider an Krebs erkrankt und nach kurzer Zeit gestorben.
Nach dem The-Show-must-go-on-Prinzip konnte ich ein Jahr später *Günther Deeg* anwerben, mit dem ich schon vorher ein paar Mal in einer anderen Band zusammen gespielt hatte. Günther war ein exzellenter Sänger mit ausdrucksstarker

Stimme, der außerdem auch ganz gut Mundharmonika spielte.
Allerdings war er kurzsichtig, was sonst kein Problem gewesen wäre, aber die Tonartmarkierungen auf den Mundharmonikas waren dermaßen klein geprägt, dass er sie direkt vor sein Auge halten musste, um nicht die falsche auszuwählen.
Deshalb sortierte sich Günther die Mundharmonikas vor einem Gig immer nach Tonarten geordnet in die diversen Taschen seiner Bühnenweste. Das funktionierte meistens. Er durfte sich nur nicht zwischen zwei Stücken auf der Bühne bücken, weil irgendwas heruntergefallen war oder ein Fan was von ihm wollte. Dabei kam es nämlich vor, dass sämtliche Mundharmonikas aus den Westentaschen rutschten und kreuz und quer auf dem Bühnenboden verstreut lagen!
In dieser Formation spielten wir dann noch mehrere Jahre (auch zu sehen unter: https://www.youtube.com/watch?v=1p5ccIW7yXc).

Jazz is not dead

Das ist ja nun keine Henne-oder-Ei-Diskussion, Jazz war schon vor dem Rock'n'Roll da und ist es wahrscheinlich danach auch noch.
Die ersten Rock'n'Roll-Gitarristen waren Jazzer. Sie kamen aus dem Jazz und mussten der Mode entsprechend zum Rock'n'Roll begleiten und improvisieren. Und das hörte man auch! Es entstand so eine Hybrid-Musik. Die Evolution baute, wie schon immer, sicherheitshalber auf Bewährtem auf, mutierte aber andererseits zu Neuem.

Typisches Beispiel dafür ist für mich Bill Haley. Was da gitarrenmäßig ablief, ging aus meiner Sicht gar nicht! Das war so, als hätte man Herrn Schuder widerrechtlich in eine Rockband versetzt. Der Gitarrist spielte Jazzsoli und hatte auch den entsprechenden Wegwerfsaiten-Sound auf seiner Gitarre.
Spielte ich damals in einer Band mit Bill Haley-Sachen im Programm, habe ich immer zähneknirschend gute Miene zum bösen Spiel gemacht, bis endlich das nächste Stück an der Reihe war.
Ich interpretiere das heute so, dass auch damals wieder mal ältere Herren mit dem, was sie schon immer gemacht hatten, plötzlich in eine veränderte Umwelt gesetzt wurden und schnell ihr Fähnchen nach dem Wind hängten, um vom Trend zu profitieren. Das ist ungefähr so, als ob Freddy, nicht Mercury!, heute rappen würde, um endlich wieder mal im Rampenlicht zu stehen und um wieder an höhere Bezahlung zu kommen. Oder so...

Andererseits gebe ich zu: Es gibt wunderschöne Tonfolgen und Harmonien auf der Gitarre im Jazz!
Wenn ich später mal genauer hingehört habe bei einigen der Rock'n'Roll-Vorbilder, wurden bestimmte Eindrücke durch Jazz-Akkorde hervorgerufen. Eddie Cochran und sein heutiges Alter Ego Brian Setzer spielen wirklich aufregende Harmonien an Stellen, an denen ich früher immer nur ganz „schnöde" Akkorde angewendet hatte. Selbst bei historischen Instrumentals, die wir früher immer mit vier Akkorden bedient hatten, Beispiel *Sleep Walk*, kam heraus, dass da in Wirklichkeit gaaanz andere Töne das Schöne des Stückes ausmachten!

Auf diese Zusammenhänge wurde ich durch Peter Launhardt gestoßen, den ich in der Rock'n'Roll-Band *The Corvettes* kennen- und schätzenlernte. Wir spielten mehrere Jahre zusammen Rock'n'Roll und diesmal nicht nur die Klassiker der ersten Reihe, sondern auch viele subtile, schöne Stücke aus der damaligen Zeit, die nicht unbedingt in der Hitparade ganz oben standen. Mit Harmonien, bei denen mein Herz aufging!
Zwar hatte Reich-Ranicki mal gesagt: *„Rock'n'Roll MUSS primitiv sein!"*, aber schräge Harmonien waren manchmal durchaus eine Bereicherung für das Hörerlebnis.
Wenn ich dann mit einer derartigen Hörerwartung an Musik heranging, entdeckte ich schon manchmal Musik und Musiker, die mir aus solchen Gründen vielleicht nie aufgefallen wären, z.B. den BluesRock-Hardrock-Gitarristen *Frank Marino* aus Kanada!

Die Jugend von heute!

Der Satz, den unsere Eltern und Großeltern damals beim Erscheinen des Rock'n'Roll mit nach hinten geklappten Augen klagend wie ein Stoßgebet ausstießen. Alle Eltern- und Großelterngenerationen vorher hatten ähnliche Empfindungen gegenüber der jeweiligen Jugend gehabt und geäußert, nachzulesen bei den „alten Griechen".
Weil ich nunmehr seit gut fünfzig Jahren Musik mache und knapp vierzig Jahre Jugendliche unterrichtete, ist es an der Zeit, dass ich die Stelle der Elterngeneration einnehme und die oben genannte Floskel unter die Lupe nehme.

Da haben vermutlich Jugendliche in irgendeiner Bronx die Faxen dicke gehabt mit den Stars, die immer im TV zu sehen waren, die dicke Autos fuhren und die schärfsten Weiber abstaubten, und wollten selber dazu gehören. Außerdem sollte ja Jugendmusik wohl nach wie vor der Abgrenzung von den Erwachsenen dienen.
Schmerzende Fingerkuppen und Akkorde üben dauerte dabei viel zu lange, inzwischen herrschte allseits das Jetzt-und-Sofort-Prinzip. Warten hatte sich einfach im Laufe der Jahrzehnte überholt, war nicht mehr in.
Da die Kids nun kein Instrument spielen und auch nicht singen konnten, blieb ihnen nichts anderes übrig, als das zu tun, was sie immer schon trainiert hatten: Chauvinistisch und gewalttätig meckern und dabei die entsprechende Gestik und Minimal-Mimik zeigen. Unterstützt wurden sie dabei, und nur so kann ich mir ihren Erfolg erklären, von den zahlreichen Kids weltweit, die auch nichts konnten, was irgendwie auch nur entfernt mit Musik in Zusammenhang gebracht werden konnte, und die endlich mal den reichen und erfolgreichen Musikern da oben zeigen wollten, was 'ne Harke ist.
Gewaltorgien und rassistische Fantasien konnten hier endlich mal allen anderen in die Ohren geschrien werden, und sie konnten dem Bass- und Trommelgedresche im Hintergrund die einfache Rhythmik überlassen, denn so ganz ohne ging das wohl doch nicht, man brauchte wohl ein, zwei Musiker oder gesampelte Sounds im Hintergrund. Vierviertaltakt satt endlos und Betonung auf zwei und vier bis zum Abwinken oder gleich alle vier Takte gleichbetont dreschen! Das ist dann rhythmisch Musikantenstadl, aber nur rhythmisch!
Wenn ich mir diese Tendenz in meiner Fantasie hochrechne, also jetzt auf die zukünftigen Jugendlichen dieser Rappergeneration und auf die „Musik", die sie kultivieren müssen, um

sich nun wieder von ihren Eltern zu distanzieren, dann bleibt eigentlich nur noch der einzelne Ton in unendliche Länge gezogen übrig!

Na Mahlzeit!

Ein Glück, dass es nach wie vor Klassik, Jazz und Heavy Metal gibt!!!

Andererseits muss ich zugeben, dass ich aus einem anderen Jahrhundert stamme und in den vergangenen Jahrzehnten so viel Musik gehört, dass es kaum eine gibt, die ich noch nicht kenne.
Das ist grundsätzlich anders, als bei jüngeren und vor allem heutigen Generationen. Die fahren ab auf bestimmte Musik, die ich schon tausend Mal gehört habe, sie aber jetzt zum ersten Mal.

Das verstehe ich!

Das ist von mir auf keinen Fall abzuwerten.

Ich hingegen suche in der Kunst, speziell der Musik, Alleinstellungsmerkmale. Dinge, die sich deutlich abheben vom Durchschnitt.
So was gibt es auch heute immer wieder, und da kommt es mir auch nicht ausschließlich auf die Technik an, die jemand gelernt hat. Manchmal ist es eine besondere Stimme, die mir sofort unter die Haut geht, selbst wenn es diese Musik schon zig Mal vorher gegeben hat, zum Beispiel: Amy Winehouse.

Oder ein Instrument wird anders gespielt, als bis dato bekannt, zum Beispiel Edgar van Halen. Oder es ist einfach ein Arrangement, das ungewöhnlich daher kommt, Beispiele: System of a Down, Red Hot Chili Peppers.

Selbst unter Coverbands gibt es welche, die ihr eigenes Ding aus den Originalen machen, schon vor einigen Jahrzehnten beeindruckten mich Vanilla Fudge ungemein!

Akteure, die gut auf ihren Instrumenten sind, stellen per se kein Alleinstellungsmerkmal dar. Da kenne ich massenweise Möchtegern-Hendrixe, die fast perfekte Kopien abliefern, bei mir aber nur ein Gähnen hervorrufen. Aber vielleicht ist das für Leute, die Jimi Hendrix nie erleben durften, doch noch so was wie ein Highlight......

Zur gegenwärtigen Musik hierzulande: Es gibt viele Bands mit deutschen Texten, einige auch mit Besonderheiten wie oben beschrieben, mit Alleinstellungsmerkmal. Aber: der vorletzte Grand Prix wurde von Lena mit einem englischen Text gewonnen.
Nun ist dieser Grand Prix wahrlich nicht das Maß aller Dinge...aber immerhin!
Die Musik der zahlreichen aktuellen deutschen Bands ist eher nicht so neu und erinnert mich oft an Brit Pop, mit deutschen Texten. Was mir aber auffällt, und da bin ich gleich wieder hellhörig, der Trend geht deutlich in Richtung jämmerlich, weinerlich, bedrückt!
Es muss offenbar wieder sowas bedeutungsschwangeres her, damit nicht etwa ein leichtes, nettes Lied entsteht, wie damals das *Save the last dance for me* unter dem Fallbeil von Herrn Schuder.

Ja, ich liebe auch melancholische Balladen, aber ich will sie nicht eine ganze Setliste lang hören!

Eigene Sachen

Nach *Ghoul* reizte mich Selbstgemachtes zunehmend. Die Gruppenentstehung ist mir inzwischen entfallen, aber es entstand die Band *JFB*, als Abkürzung von *Jimmy Foster Band*. Sie bestand aus dem Sänger Jimmy Foster, einem Engländer, aus Dieter Hein am Schlagzeug, aus mir an der Gitarre und einem Bassisten, von dem ich wieder mal den Namen vergessen habe.
Langsam kommt mir das verdächtig vor mit den Bassisten und ihren Namen, aber es ist wirklich nicht so, dass ich Bassisten als minderwertig, als unwichtig, als Gitarristen zweiter Klasse oder so betrachte.
Je nun, eine Viererbande also.

Mit Dieter Hein begegnete mir zum ersten Mal ein Schlagzeuger nach Butschi, der mich sehr beeindruckte! Der spielte da Sachen... Wir konnten uns irgendein Thema vornehmen, das irgendeiner von uns mitbrachte, weil es ihm in der U-Bahn eingefallen war, und ein spannendes, chaotisches oder verrücktes Hardrockstück daraus konstruieren, und zwar mit allen Finessen, deren wir damals fähig waren. Durch den Engländer als Sänger wurden diese Stücke noch authentischer in ihren Aussagen mit umgangssprachlichen Wendungen, die mir nie eingefallen wären!
Wir komponierten an die zehn Stücke als auch Fragmente von zukünftigen Stücken, und schickten dann eine Übungs-

raumaufnahme an einen Berliner Radiosender, der das auch sendete – ungehört, was deren Prinzip damals war.
Am Ende der Übertragung war der DJ platt. Er hatte nicht damit gerechnet, dass ihm so was emotional Aufregendes geschickt würde, und im Studiohintergrund hörte man die Technikerin vor Vergnügen kreischen!
Ich habe die Aufnahme mit den Radiokommentaren heute noch.
Jimmy bekam leider keine Aufenthaltsgenehmigung, weil er keine Arbeitsstelle in Berlin fand, und verließ die Band, auch zu seinem großen Leidwesen, und die Band löste sich nach einem einzigen, hochgelobten Gig auf.

Dieter Hein und ich wollten unbedingt zusammen weitermachen und kamen, wie das Leben so spielt, an Frank Luge, mit dem ich schon damals im Werner-Voß-Damm mit Kurt-Peter Müller geübt hatte. Frank hatte diverse eigene Stücke geschrieben und eröffnete mit Dieter und mir die *Kopernikus Watch*.
Zwei Konzerte, eine Maxi-Single – das war's auch schon wieder.
Aber immerhin waren wir nach Aussage des Zapfers die lauteste Band, die jemals im Flöz gespielt hatte.
Nun ja...

Heute schleppen sich schon ein paar meiner Helden irgendwie noch auf die Bühne oder werden im Rollstuhl hingerollt, andere sind leider schon gestorben, aber mir geht es immer noch gut!
Ich ziehe mit meiner Gitarre um die Häuser und spiele mal hier, mal da, mal länger, mal kürzer in allen möglichen

Bands. Dass da mal einer in meinem Alter ist, ist schon jahrelang nicht mehr vorgekommen...

Inzwischen frage ich mich schon manchmal, bis zu welchem Lebensalter man eigentlich noch mit einer Gitarre auf der Bühne stehen darf, ohne sich lächerlich zu machen. Aber vielleicht warte ich insgeheim noch darauf, dass es mir mal so geht, wie dem gegenwärtigen Bassisten von Metallica:

Als sie sich bei all den Bewerbern schließlich für ihn entschieden hatten, setzten sie sich mit ihm zusammen in eine gemütliche Runde und sagten ihm ganz beiläufig: *„Damit du auch weißt, dass wir es ernst mit dir meinen, haben wir dir heute schon mal eine Million Dollar auf dein Konto überwiesen!"*

Nee, nee - Witz!!!

Danke an Peter Butschkow für das Layout, die taktischen Ratschläge und das jahrelange, atemberaubende Trommeln hinter mir.

Danke an Olaf Leitner für die Entdeckung von Sonny Boy Williamson und die „brechenden Schotten" bei *Totenschiff*.

Danke an Olgerd Woköck für den netten Kontakt und die Fotos der Phantom Brothers.

Danke an Achim Altstadt (Henk) und Ronald Ratzke für Hintergrundinformationen und Bildmaterial.

Danke an Denise Gorzelanny-Forsberg für das Durchlesen und sehr ermutigende Kommentieren des Manuskripts.

Danke an Guido Fahrendholz für das Manuskriptlesen und kommentieren und an Rainer Schallert für die Vermittlung.

Danke an Horst Kayling für die ermutigende Lektorentätigkeit.

Danke an alle, die ebenfalls Fotos von damals beigesteuert haben.

kd@klaus-dreymann.de